馬渕睦夫の
国際情勢分析
2025

グローバリストの洗脳はなぜ失敗したのか

トランプ・プーチン時代を生き切る智恵

元駐ウクライナ大使
馬渕睦夫

徳間書店

グローバリストの洗脳はなぜ失敗したのか
トランプ・プーチン時代を生き切る智恵

序章　戦後レジームと國體の危機

第一章　洗脳支配からの脱却

第二章　世界の構造が変わった

第三章　中東の次は東アジア

第四章　グローバリズムと国連による洗脳

装丁／ヒキマタカシ（b.o.c）
DTP／キャップス
校閲／麦秋アートセンター
編集担当／浅川亨

序章

戦後レジームと國體の危機

國體の危機

いよいよ戦後レジームを脱却する時が来ました。

「戦後レジームを脱却し、日本を取り戻す」という言葉は、遺言となってしまいましたが安倍元総理の悲願でした。

これから11月までほんの1カ月ですが（2024年9月末日現在）、1カ月後には世界がまったく変わったという姿に接し、皆さんも驚かれると思います。

しかし、何も心配することはないのです。私たちは生き残ることができます。生き残るというのは己の自我のために生きることだけではありません。日本というかけがえのない国を残すために私たちは生き残らなければいけないのです。


なぜなら今は、日本の國體、国の有り様の危機なのです。だからこそ皆さんもこの本を手に取っていただいたのだと思います。

國體というのは空気のようなものですから、日常的に私たちは感じることはできません。國體は「国の有り様」、英語ではコンスティチューション（Constitution）なのですが、これを「憲法」と日本語訳したからおかしくなったと言えるでしょう。

憲法ではなく、国の有り様ですから、１万年前あるいはもっと前から続いているわが国の有り様。つまり、日本人の生き方そのものなのです。

私たちは國體を空気のように感じていますが、それが揺らぎ、おかしくなってくると、私たちの遺伝子のスイッチが入るのです。

筑波大学名誉教授の村上和雄先生が１９９７年に『生命《いのち》の暗号』（サンマーク出版）という本を出版されました。科学者である村上先生が私たちにもわかりやすく遺伝子の深淵について説明されています。その中で村上先生は「どういう時に人間のスイッチがオンになるか」というお話をされています。

今がまさにその時です。

私たちの生き様そのものが否定されている。ゆえに、私たちは居ても立ってもいられなくなりました。

厚労省前大決起集会／日比谷デモパレード

そのひとつの例が、２０２４年5月31日に東京・日比谷で行われた「ＷＨＯから命を守る国民運動」厚労省前大決起集会／日比谷デモパレードでした。

私は井上正康先生（大阪市立大学〈現・大阪公立大学〉名誉教授）からお声がけいただき登壇を予定していたのですが、体調が芳しくないためメッセージを代読していただきました。

私の思いは、このメッセージに尽きるのです。


「ＷＨＯから命を守る国民運動」決起集会にご参加の皆様に心からのメッセージをお贈りいたします。

皆様方が居ても立ってもいられない強い憂国の思いから、本日お集まりになられたことに敬意を表します。

今は國體の危機なのです。皆様方はわが国の有り様である國體が危機に瀕していることを感得されたからこそ、今この場に集われたのだと感じております。

國體の危機とは、私たちの生き方そのものが許されていない状態を指します。

私たちは常日頃「日本の國體とは何か」を正面から考えることはありませんでした。國體は空気のようなもので、恩恵に被りながらも実感することはなかったと言えます。

しかし、今は違います。國體の危機を身に染みて感じておられる方々が、今日こうして決起集会にお集まりになりました。皆様方の国を思う潜在的心情にスイッチが入ったのです。

私たちの運命は私たち自身で決めることです。WHOのような一国際機関が勝手に決めてよいわけがありません。

WHOに限らずおよそ国際機関なる存在は、加盟国の尊い主権と衝突する宿命にあるのです。

1920年の国際連盟の成立以来、各独立国家は国と不可分の主権の一部を国際連盟やその下部機関に提供することを求められてきました。

しかしその結果は、国家間の紛争が解決されるどころか、解決が無用に長引いたり、当該国に直接関心を有しない国が介入することにより、一方的な結論を押し付けられる事例が頻発しました。

国際連盟を提唱したアメリカ自身、議会の承認を得られずに国際連盟に加盟できませんでした。アメリカ国民は、その意味で健全であったと思います。しかし、アメリカ政府は連盟の外から口出しを続けました。

わが国の場合は、満州事変をめぐる連盟の姿勢が不当にわが国に不利な結論を出したことを挙げることができます。わが国は結局、国際連盟を脱退することになりました。

グローバル化推進の広告塔であった故ズビグニュー・ブレジンスキーは、国際機関はグローバル化の推進機構であると公言しました。

カーター大統領の国家安全保障担当補佐官であったブレジンスキーは、国連が積極的に世界のグローバル化を推進することを提言し、それに成功しなかった場合は戦争による強制的グローバル化しかないとまで、私たちを脅迫していたのです。

現在、世界の各地で戦争が行われていますが、影のアクターのひとりが彼らグローバリストであることをご理解いただけると思います。

以上に述べたような国際機関の独善的行動は、一部のグローバリストによる世界秩序の樹立と関係していると言えます。世界がよくなる秩序ではなく、彼らグローバリストにとって誠に都合がよい秩序なのです。

世界の福利の増進のためという綺麗事に隠された彼らの真意は、世界の人類を彼らに跪かせることなのです。

この欺瞞を見抜くことが、今こそ必要なのです。彼らは強面ですが、真意を見抜かれると退散する以外にありません。今、私たちは彼らを退散させる瀬戸際に立っていると言えるのです。

世界の多くの国がパンデミック条約に反対しています。

真意を見抜かれた彼らは、今退散を始めているのです。今日のこの集会は世界の多くの国々の愛国者との共闘でもあります。各国の愛国者の思いは、国境を越えて団結しているのです。

それにしても、日本政府自身が国民の利益を考えずに、世界のグローバリスト側に与している情けない状況です。

日本政府自体が国民の敵であると断定せざるを得ないことは、国民にとって不幸なことです。政府が国賊であるという日本の歴史上初めての国難が襲っていると言えるでしょう。日本人であっても、心情的に日本人でない政権幹部こそ、国賊であると言わざるを得ません。

私たちの気づきは、真の国賊を見抜き、退散させることにあります。そのためには、私たちは誇り高きわが国の歴史の知恵に学ぶ必要があります。

わが国は歴史上国難に直面するたびに、復古の精神を発揮して乗り越えてきました。

復古の精神とは古い精神のことではなく、古くなっていない知恵のことです。今日お集まりの皆様の魂の疼きです。

今日から、この場所から、日本は変わります。その主役は皆様方です。負けることのない私たちの戦いが、日本にそして世界に燦然と輝く日を共に迎えようではありませんか。

日本国民は立ち上がりました。

皆様、本当におめでとうございます。

國體と日本国憲法

コンスティチューションは國體のことですから、普遍的なものであり、変わるものではありません。その視点に立てば、明治憲法（大日本帝国憲法）と昭和憲法（日本国憲法）は別物ではないと言えます。

たまたまその時、國體の一部を文章にしたにすぎないからです。憲法は國體のすべてを表現したものではなく、そもそも國體のすべては言挙げできません。

西洋列強に対峙するうえで必要だったため、日本は形式上、明治憲法を作りました。

形式上とはいえ、明治憲法は詔《みことのり》です。けれども昭和憲法はそうではない。あれはワイマール憲法の引き写しです。詔とはまったく関係ないですし、國體の一部の文書化ですらないということです。

昭和憲法こと日本国憲法を「ワイマール憲法の写しだ」と表明したのは、それを作ったアメリカの社会主義者たちです。彼らは何の責任もとらない。つまり、「そのままにしている日本が悪い」ということです。

ワイマール憲法を起草したのはユダヤ人のフーゴ・プロイス内相。

彼が目指したのは、約6000万人のドイツ人口の1％、約60万人に過ぎないユダヤ人の権利を99％の多数派ドイツ人から保護するための憲法です。つまり、ドイツの國體を表したものではないのです。

日本国憲法を起草したユダヤ系アメリカ人のチャールズ・L・ケーディスは、ワイマール憲法の「ユダヤ人擁護」の基本姿勢を、日本国民は「大東亜戦争の被害者」であると置き換え、加害者たる軍国主義者とを対比させ、被害者の権利を擁護する日本国憲法の骨格を作成しました。

これがワイマール憲法の写しと言われる所以です。

ゆえに日本国憲法を貫く精神は、被害者たる一般国民を加害者たる国家から守るという二元論に基づいている。日本の國體など無視しています。

国民に自由と平等の権利を付与し、その権利を保障する義務を国家に負わせる構造です。国家と国民との対立構造、これが戦後民主主義と呼ばれるものの実態です。

ワイマール憲法の写しの証拠は、法のもとでの平等を定めた第14条に見て取れます。

「すべて国民は、法の下に平等であって、人種、信条、性別、社会的身分又は門地により、政治的、経済的又は社会的関係において、差別されない」

この憲法第14条の一文のどこに写しの証拠があるのか、皆さんはお気づきでしょうか。

それは、法の下の平等について「人種」による差別を第一に禁止しているところです。

そもそも日本国民に異なる人種は基本的には存在しませんし、帰化外国人は極めて少数で例外的です。

それなのに「人種」が列挙の先頭なのです。ワイマール憲法が特定の人種の権利のために作られたということを知らなければ気にせず流してしまうかもしれません。これが憲法学者の隠してきた日本国憲法のおぞましさです。

民主主義というまやかし

1945年10月、ポツダム宣言を受諾した日本にGHQこと連合国軍最高司令官総司令部が設置されます。

連合国とは名ばかりで、事実上アメリカ一国による占領政策が展開されたのです。GHQは早速日本の民主化にとりかかりました。

GHQを握っていたのは「ニューディーラー」と呼ばれる、アメリカでルーズベルトのニューディール政策を進めてきた社会民主主義的な思想を持つ人たちです。日本国憲法制定のGHQ草案作成の中心的人物チャールズ・L・ケーディスなどは筋金入りの社会主義者でした。

アメリカではニューディール政策の多くは、憲法違反ということで潰され「アメリカを社会主義化する」という彼らの野望はついえました。つまり、それを日本に来て実践したということです。

民主化の下に女性参政権を付与して日本で普通選挙を実施したと言うと聞こえがいいですが、この時GHQは戦前非合法化されていた共産党も合法化しています。

西側のリーダーであるアメリカ、そのGHQがなぜ共産党の合法化を推進したのか。第二次大戦後の東西冷戦がアメリカを筆頭とする民主主義陣営と東側の共産主義陣営ですから、おかしな話です。

しかし、日本の民主化を進めたのが社会主義思想のニューディーラーだと知れば、腑に落ちるはずです。

世の中には「民主主義こそが世界で最も先進的な政治体制である」と信じている人もいることでしょう。大抵の方は「絶賛はしないが、それでも共産主義よりはマシ」と思っているのでは。

私たちは学校やメディアで、民主主義が最上の政治体制であることを信じさせられてきました。しかしその定義を日本人は明確に答えられるでしょうか？

「民主主義とは何か？」となると、言論人や学者の独自の解釈や思惑が付与されて、数多くの回答が存在します。私たちもはっきりと回答することができません。

民主主義を表す英語の「デモクラシー」という語は、ギリシア語の「demos（人民）」と「kratia（権力）」という2つの語が結合した「demokratia」に由来します。

本来なら、「人民多数の意思」が政治を決定する思想のはずです。したがって、多数の意思を知るために国民に普通選挙権を認めていることが大前提となります。

しかし、戦後日本においては、その大前提が左翼リベラルによってしばしば「多数派の暴力」と否定され、「少数派」の保護や権利が声高に叫ばれているのが現状です。「ポリティカル・コレクトネス」が「少数優遇政治」と揶揄される所以です。

つまり、「民主主義」という言葉は、陰謀論やレイシストやファシストと同じ役割、つまり言論弾圧用の中傷語として、ポリティカル・コレクトネス主義者に利用される都合のいいワードとして機能しているのです。

ポリティカル・コレクトネス主義者とは、誰も反論できないような抽象的概念を振りかざして、そのくせこれらの意味を腑に落としていないがために自家撞着《じかどうちゃく》を起こしている、哀れな無意識的共産主義者のことです。

彼らの常套手段は「民主主義に反する」という否定的表現で相手に威圧的に接することです。つまり、民主主義という言葉は常に否定的表現とセットで使われているということです。

戦後の日本人にとって民主主義は否定できない絶対的な価値であり、ポリティカル・コレクトネス主義者の持つ既得権益について疑問を呈する言論は、「反民主主義」であると断罪されてきました。

彼らは、民主主義について議論するのではなく、民主主義という言葉のみを弄《もてあそ》んでいるわけです。先のウクライナ戦争を見ても、自由民主主義vs権威主義と図式化され、後者に位置づけられたロシアは全否定の対象です。

これで私たちが優れたものと思い込んでいた「民主主義の正体」が見えてきたのではないでしょうか。

つまり、ＧＨＱによって導入された戦後民主主義は「ポリティカル・コレクトネス」という実体のない抽象概念ということです。

左翼リベラルの政治家、論者、学者は民主主義の内容については語らず、マイノリティを被害者として捏造し、それを利用しているのです。


民主主義の欺瞞の最たるものは「自由」と「平等」の両立を説いていることです。自由と平等が本来、両立し得ない概念であることは、常識的に考えてみればわかることです。個人の自由を推し進めれば、闘争が起こり、平等は失われます。常識的に考えれば当然です。

社会が平等となれば、個人の自由は制限されるからです。繰り返しになりますが、民主主義というのは大きな矛盾をかかえた、非実体的な概念なのです。

自由と平等の原則は１７８９年から始まったフランス革命による人権宣言（人間および市民の権利の宣言）で掲げられました。つまり、民主主義の欺瞞は２００年以上の積み重ねがあるといえます。

この洗脳は根深いものですが、欺瞞の証明は実にたやすいことがおわかりいただけたかと思います。

東京裁判史観

ユダヤ・キリスト教の考え方と異なり、日本人には原罪という考え方はありません。しかし、生まれながらの罪である「原罪」という発想が、大衆のコントロールに有効な手段ということはユダヤ・キリスト教文明が証明しています。

戦後79年を過ぎても日本人を縛り続ける東京裁判史観は、日本人に「日本は侵略戦争を行い、人道に背く行いをした」という「原罪」を植えつける行為だったと見なせるのです。

アメリカはなぜ日本人の精神に原罪を植えつける必要があったのでしょうか？

最大の理由は、広島・長崎への原爆投下です。

この残虐な行為はどんなに正当化しようとしてもできるものではないということをアメリカは知っています。ひとつは広島・長崎に原爆投下したアメリカに対する日本人の復讐への恐怖心。実際、国際法上、日本は原爆投下に復讐する当然の権利を持っているのです。

もうひとつは日本人を巨悪と設定しなければ、アメリカの精神が崩壊してしまうということです。歴史が証明するとおり、彼らは神が正しいと言えば他人を殺すことも厭いません。半面、神の意思に反する行為を行うことをひたすら畏れます。

第31代米大統領のハーバート・フーヴァーが回顧録の中で「原爆投下はアメリカが永遠に担う十字架になった」と書いているように、原爆投下はアメリカの日本に対するホロコーストなのです。

日本がその仕置きに値する悪者だったから……ということにしておかないとアメリカ人の良心を永遠にさいなむのです。

日本人に原罪を植えつけるGHQの施策として象徴的だったのがWGIP（War Guilt Information Program）です。

WGIPは日本国民に対する再教育計画です。

戦勝国史観、つまり原爆投下や大都市への無差別爆撃など、民間人の虐殺を行ったアメリカの正当化をはかるための日本人洗脳計画です。戦勝国に都合のいい戦争の経緯と解釈を、ラジオ番組や新聞記事などを通じて宣伝しました。

WGIPは日本人に敗北の事実を突きつけ、敗北は日本の不法な侵略行為によってもたらされたこと、日本から軍国主義が払拭されないかぎり国際社会への参加が許されないということを周知徹底させることが目的でした。日本の歴史、文化伝統を否定するだけでなく、日本人自身が自らを否定するように誘導したのです。

2015年6月8日付の産経新聞に『歴史戦　GHQ工作　贖罪意識植え付け　中共の日本捕虜「洗脳」が原点　英公文書館所蔵の秘密文書で判明』という記事が掲載されました。

これはGHQでマッカーサーの政治顧問付補佐官だった米国の外交官ジョン・エマーソンが米上院国内治安小委員会で証言した記録が英国立公文書館所蔵の秘密文書で見つかったというもの。

占領下の日本国民に戦争に対する贖罪意識を植え付けるため連合国軍総司令部（GHQ）が、中国・延安で中国共産党が野坂参三元共産党議長を通じて日本軍捕虜に行った心理戦（洗脳工作）の手法を取り入れたことが英国立公文書館所蔵の秘密文書で判明した。GHQの工作は、『ウォー・ギルト・

インフォメーション・プログラム（WGIP）』と呼ばれ、現在に至るまで日本人の歴史観に大きな影響を与えている。（編集委員　岡部伸）（2015年6月8日／産経新聞デジタル）

「日本人に植えつけられた原罪とは何か？」を紐解く内容でしたので、一読をおすすめします。

今も続く分割統治

ＧＨＱは日本人検閲官を使って日本人の言論を検閲しました。

これは植民地統治のセオリーである「分割統治」の手法です。実際に検閲にあたったのは英語ができる高学歴のインテリ日本人でした。

日本人検閲官は、自己正当化のために「日本は侵略国家だった」と日本を否定するようになります。検閲される側も生活のために方針に沿うように自己規制し、次第に積極的に検閲官に忖度するようになり、検閲官と被検閲者は共犯関係に――。

そして当事者以外に知られることのない、居心地のいい、多大な利益を分け合う蜜月関係となっていったのです。

なぜ教育界の重鎮や学者、有識者、有力メディアが日本を貶め、国益に反する言論活動や報道を行うのか、憤りを感じ、腑に落ちない所業です。このような存在を渡部昇一先生は「敗戦利得者」と名付けました。

「東京裁判史観」という言葉は、私が「諸君!」に書きはじめたころに使い出した言葉で、おそらく私が日本で最初に言い出したのではないかと自惚ぼれておりますが、だいぶ手垢がついてきたので最近では「敗戦利得者史観」というようにしています。これは「井伏鱒二現象」と同じ意味です。いまなお戦前の悪口を言い続ける人たちが絶えないのは、彼らが「敗戦」によって得をしたからである。だから、自分たちの利得を守るために戦前の日本を悪しざまに罵っているのです。(『渡部昇一の昭和史観　真の国賊は誰だ』渡部昇一／徳間書店)

サンフランシスコ講和条約（1951年）によって日本が独立した際、検閲官は廃止されましたが、敗戦利得者はその過去を隠して官界、経済界、教育界、学界など各界の指導的立場に就いたのです。共犯関係にあった言論人とメディアは検閲の指針を墨守しています。

彼らはこの利権構造を維持するために共犯関係の事実が暴露されないことを必要としており、いまだに共犯関係を続けているということです。

被支配者を分断させ統治を容易にする分割統治は古代ローマ帝国が生み出した手法ですが、GHQが練り上げた分割統治は日本を戦後79年にわたって縛り続けているのです。

「侵略は事実ではない」ということは、GHQ最高司令官だったマッカーサーが、日本侵略説を否定していることからもわかります。

1951年5月、米上院軍事外交委員会で、彼は「日本が太平洋戦争に突入したのは、大部分は安全保障上の必要によるものだった」と証言しているのです。

日本の占領統治にあたった責任者のマッカーサーの議会証言を日本の歴史教育で教えないのは、彼らの嘘が露呈するからに他なりません。

プーチン大統領の指摘

広島・長崎への原爆投下についてはプーチン大統領が２０２２年10月27日にモスクワで開かれた国際討論フォーラム「バルダイ会議」で言及しました。「軍事的にはまったく必要なかった」と述べ、米国のことを「非核保有国に核兵器を使った唯一の国だ」と指摘しています。

ロシアのプーチン大統領は27日、モスクワで開かれた国際討論フォーラム「ワルダイ議」で、第2次大戦での米国による広島と長崎への原爆投下について「軍事的にはまったく必要なかった」と述べ、「米国は非核保有国に核兵器を使った唯一の国だ」と批判した。

プーチン氏はウクライナ侵攻を巡る核兵器使用の可能性などについて質問に答える中で日本への原爆投下に言及。米国の領土の一体性や国家主権に対する脅威はなかったとし、当時の日本には既に反撃する能力もなかったのに

「事実上、一般市民を核攻撃した」と指摘した。

その上で、日本の教科書には「連合国側が原爆を投下したと書いてある」と述べ、「学校の教科書にさえ（投下したのは米国だという）真実が書けない」と主張した。（共同）

（2022年10月28日／産経新聞デジタル）

安倍晋三氏の遺言

安倍元総理の遺言となった「戦後レジームを脱却する」、これは分割統治からの脱却、日本国憲法の呪縛から脱却するということでもあります。

常に日本の争点となる憲法9条と改正——。戦後教育を受けた私たちは、日本は敗戦によって軍国主義を捨て去り、ＧＨＱのおかげで民主主義と戦争を放棄する「平和憲法」を手に入れたと教わりますが、左翼リベラルの方々が嬉々として掲げる平和憲法という幻想では、「尖閣諸島を救えない」のです。そしてもちろん「誰も救えない」。

今、自民党も「憲法改正」に力を入れていますが、申し訳ないが彼らに弄《いじ》ってもらっては困る。「改悪」にしかならないのは目に見えているからです。

世界ではコロナウイルスのワクチン接種をやめる動きが出ていますが、日本政府はまだワクチン接種に積極的です。憲法改正で緊急事態条項が通ってしまったらと思うと、目も当てられません。

アメリカもヨーロッパもとっくにやめたと言っているのに、日本だけが積極的です。われわれはあくまでそれに反対すればいい。その関連で当面危険なのは憲法改正なのです。要するに緊急事態条項というのを入れられたら、われわれは強制的にワクチンを打たされる。

それにどのように抵抗するか、罰金ですめばまあいいほうです。緊急事態条項ができると、それこそ強制的に押さえつけて注射しかねない。だから、そんな憲法改正を許してはいけないのです。

結論から言えば、昭和憲法は廃止すればいいのです。

改悪にしかならないのだから、弄らずに廃止していただきたい。そもそも私たち日本人に憲法という文章はいらない。私たちの遺伝子に脈々と伝わってきた生き方そのものがあるわけですから。

日本には民主主義という言葉はありませんでしたが、多様性や共生と同様にその価値観は日本には古から存在していました。日本は戦後にGHQによってはじめて民主主義という概念と価値観、そして制度をもたらされたわけではないのです。

聖徳太子の十七条の憲法には「大切なことはみんなで議論して決めなさい」と書いてあります。

一《ひとつ》に曰《い》はく、和《やはら》ぐを以て貴《たふと》しとし、忤《さか》ふること無きを宗《むね》とせよ。人皆党《たむら》有り。亦達《またさと》る者少し。是《これ》を以て、或いは君父《きみかぞ》に順はず。乍隣里《またさととなり》に違《たが》ふ。然《しか》れども、上《かみ》和ぎ下睦《しもむつ》びて、事を論《あげつら》ふに諧《かな》ふときは、事理《こと》自《おの》づからに通《かよ》ふ。何事か成らざらむ。

これは聖徳太子が考えたということではなく、そのもっと前、古事記の時代からそうなのです。

高天原で神々が散々話し合って、その結果を神々のトップである天照大御神に差し出すと、天照大御神は「それでよろしい」とおっしゃって、それで決まるのが日本型民主主義の原型です。ゆえに日本人は、話し合いで決まったことには、法律がなくても皆従うのです。コロナ禍において、自粛要請にもきちんと従った。

日本でオリジナルの日本型民主主義が成り立ってきた理由は簡単に言えば、天皇陛下という権威と国民の間に利害関係の衝突がないからです。

しかし、ジャン・ジャック・ルソーからすれば、そんなものは理想かもしれないが存在し得ないとなる。

彼の『社会契約論』を読んでみると、君主というものは、本来、国民に力がつけば、その国の力がつくから望ましいはずなのに、国民に力をつけさせることはやらないと書いてあるのです。

つまり、国民と君主の間に利害の対立があるということです。一方で、君主と国民との間に利害の対立がないのは、世界でも日本だけではないでしょうか。西欧で君民の利害が対立するのは、関係が「権利」や「義務」で成立しているからです。彼らの社会を構成する基本が「契約」だからです。

私たちは、この日本の地で悠久の時間を生きてきました。それは契約社会ではなく「信用社会」でした。原罪を背負わせるような宗教の縛りはなくとも、日本人には生き方の基本というものがありました。

それが「惟神《かんながら》の道」です。惟神の道とは神道を表す言葉です。一般的な宗教にあるような教えや規範ではありません。八百万の神への畏怖と畏敬の念、そこから生まれた生活の作法、日本人ならではの生き方そのものです。

他国で生まれた一神教から見れば、無宗教にも見える自然な生き方です。私たちは日本人は古から惟神の道を、それぞれが自らのやり方で歩いてきました。

お天道様のおっしゃるとおりに、お天道様を常に心に抱きながら生きてきた。それが私たちなのです。繰り返しになりますが、そういう私たちの生き方が揺らぎつつある。それが國體の危機です。

２０１９年の新型コロナによるパンデミック、翌20年の米大統領選挙での大規模不正、22年のウクライナ戦争により、それまでは一部の間でしか取り上げられることがなかったＤＳの存在が白日の下に晒されました。

そして２０２４年、政権与党こそが日本国民の安全と生命を売りわたす国賊であることが明確にわかってしまった。

メディアは言うに及ばず、政府も有識者もアテになりません。これからはひとりひとりが世界情勢ウォッチャーとして欺瞞を見抜く時代です。

ゆえに次章からは、２０２４年11月以降の世界でも跋扈《ばっこ》する国賊の洗脳を見抜くための解説に進みます。退屈にならないように、問いかけに答えるような仕掛けも入れてみました。

第一章

洗脳支配からの脱却

すべてはつながっている

２０２４年6月22日、天皇皇后両陛下がイギリスに出発されました。英国国王陛下から、天皇皇后両陛下に対し同国を御訪問いただきたい旨の招請があったからです。そして7月26日から8月11日まで、第33回オリンピック競技大会がフランス・パリを中心に開催されました。

これらの出来事は無関係なことではないと言ったら皆さんはどう思われるでしょうか。

――一見無関係な事象の「つながり」。これは、馬渕先生が常に発信されていることですね。

ええ、耳にたこができるほど皆さんに申し上げています。

そして本書を読んでいただいている皆さんとも、何かがつながっていると私は考えています。言葉にするなら「縁」です。

そして、いまの世界情勢を鑑みると、「〝縁〟のない人にはかまってはいられない」と言わざるを得ません。

これは皆さん個人個人にとっても同様です。いくら世の中の危機について話しても理解してもらえないこともあるでしょうし、それを話すことでいままで親しくしていた方に突然敬遠されることもあるはずです。

――2020年のアメリカ大統領選、先のパンデミック騒動、ウクライナ問題、ハマス戦争など、既存メディアの嘘を指摘しても共感を得られないことは多々あります。

縁がない人は放っておけばいいのです。

こんな言い方をすると「馬渕がいままで言ってきたことと矛盾するではないか」と思う方もおられるかもしれません。

しかし、そうではないのです。

たとえば、皆さんが私のＹｏｕＴｕｂｅ「馬渕睦夫チャネル」や勉強会「耕雨塾」

を誰かにすすめたとき、それに呼応してくれる人とはどこかで縁がつながっていると言えるでしょう。半面、縁がない人にいくらすすめても受け入れてはくれないものです。

――そういう人を説得することは無駄なのでしょうか？

その人たちは、私たちとは別の人生を歩んでいるということです。皆さんが頑張って説得したり、無理に引き込む必要はないのです。

なぜなら、頑張れば頑張るほど、こちらのほうが苦しくなってしまう。私たちの気持ちが通じない人はたくさんおられますが、それはそれでいいのです。それを尊重すればいい。「いまは縁がない」と考えればいいのです。

なぜ冒頭でこんなことを申し上げるかというと、これからお話しすることは、そういった方たちからすると「とんでもない」ことだからです。

そう受け止める方はそれでいいのです。

私はその方に「これが真実だ」と申し上げるつもりはありません。しかし、わかる方にはわかっていただけるはずです。

メディアを利用した洗脳

――既存メディアのミスリードが、「とんでもない」と考える人たちを生み出しているのではないでしょうか？

「ミスリード」と言うとニュアンスが異なってしまいます。なぜなら、ミスリードというのは正しい報道があってのものだからです。そもそも、既存メディアは１００年前から、グローバリズム勢力の広報機関であり工作機関、つまりプロパガンダ機関です。

――エドワード・バーネイズの『プロパガンダ』ですね。

そうです。私の熱心な読者の皆さんには耳にたこができるかもしれませんが、『プロパガンダ』を著したエドワード・バーネイズという人物は、第一次世界大戦当時、ウィルソン大統領のアドバイザーを務めていました。

ヨーロッパの戦争に参戦することを拒否していたアメリカ世論をドイツとの戦争に向かわせるためにつくられた政府の広報委員会（ＣＰＩ／コミッティ・オン・パブリック・インフォメーション）で活躍した人物です。

この話も重要なのですが、詳しくは別項に記すとして、まずはエドワード・バーネイズが『プロパガンダ』で何を述べているか見てみましょう。

〈世の中の一般大衆が、どのような習慣を持ち、どのような意見を持つべきかといった事柄を、相手にそれと意識されずに知性的にコントロールすることは、民主主義を前提とする社会において非常に重要である。この仕組みを大衆の目に見えない形でコントロールすることができる人々こそが、現在のアメリカで「目に見えない統治機構」を構成し、アメリカの真の支配者として君臨している〉（エドワード・バーネイズ『プロパガンダ』）

プロパガンダのプロが、「民主主義は少数の人々によりコントロールされてきた」と書いているのです。

つまり「目に見えない統治機構」、いわゆるＤＳは、１００年も前から今に至るまでメディアを利用した洗脳により、自分たちの都合のいいように世論を動かしてきたということです。

その実態は、国民に見えない専制支配であり、手法的な視点に立てば「洗脳支配」と言っても過言ではないでしょう。

――確かに既存メディアの報道を鵜呑みにしていては、この支配に気づくことは極めて困難だと思います。

私たち大衆が物事の判断をするとき、厳密な思考ではなく、衝動や感情や習慣を優先しているとバーネイズは指摘しています。

彼は広告や宣伝を通じて人々の無意識の欲求や感情を刺激し、行動をコントロールすることができると考え、実行したのです。それがいまでも続いているということです。核戦争の恐怖で人々を縛った東西冷戦時代、そしてコロナ騒動も既存メディアが恐怖を煽って人々を縛ったのは記憶に新しいでしょう。

――ここ数年の世界情勢報道を振り返るだけでも既存メディアがジャーナリズムという皮を被った「プロパガンダ機関」だと実感できます。しかし、国益を損なうような日本の既存メディアの報道を見ていると、「政府」だけのプロパガンダ機関とは思えないのですが。

19世紀までのメディアと20世紀以降のメディアの役割は区別する必要があると思っています。
19世紀までは政府と共にあり国益と合致していた。しかし20世紀以降は政府、国益ではなく、DSの利益のためのメディアになった。私はウィルソン以降、メディアが変質したと思っています。ここを押さえないと、20世紀が辿った歴史を理解できないのです。

オピニオンリーダーによる一般大衆の洗脳

バーネイズは大衆の判断に影響を与えるものとしてオピニオンリーダー（Opinion Leaders）の存在の大きさをあげています。

バーネイズはオピニオンリーダーの行為が大衆にとっての手本となるのは、大衆心理学において最も確実に立証されている原理原則であると書いています。つまり、世論に影響を与える人物によって一般大衆を洗脳したわけです。彼らの狡猾なところは大衆心理学の手法を駆使したところです。

——オピニオンリーダーによる一般大衆の洗脳、これはＴｗｉｔｔｅｒやＹｏｕＴｕｂｅといったＳＮＳ全盛の現代においてもおおいに当てはまる原理原則ということでしょうか？

まさにそのとおりです。時間的にも能力的にも限界がある私たちは世の中で起こっていることについて、ひとつひとつ自分で考えられるはずがありません。

私たちは信頼のおけるオピニオンリーダー、現代ではテレビや新聞ではなくＳＮＳで発信する言論人やジャーナリストの意見を聞くことが日常になってきています。そして、その意見に納得すると、自分の意見だと錯覚してしまいがちなのです。

そして、洗脳とあわせて脅異となるのが「言論統制」です。

かつては新聞、そしてラジオ、テレビと拡大し、自由な言論空間と思われたインターネットの世界も言論統制でがんじがらめになっています。マスメディアが「伝えない」だけでなく、ＳＮＳで発信しただけで、アカウントが凍結されるという言論弾圧が公然と行われているのはご承知でしょう。

「ネットには既存メディアにはない真実がある」というのは間違いではありませんが、現代のライフスタイルや情報収集ルーティンに適合した、実に都合のいい洗脳装置であることも間違いないのです。

――現代の情報環境はバーネイズの活躍した１００年前とは比較にならないほど複雑化しています。それは、さまざまなクラスターごとの洗脳が可能となっているということでもあるのですね。

既存メディアのようにシンプルではない分、見破るための知見や冷静さはより問われるでしょう。私たちは、ＳＮＳでのニュース解説や言論人の発言に煽られる。それぞれの属性に合った強い言葉から生まれる怒りや憤りに同調してしまいがちです。しかもそれは従来の言論人の発信作法ではなく、ＹｏｕＴｕｂｅｒとしての文脈なのでなおさらです。

――私たち自身が培った歴史観による状況分析ではなく、煽りによって揺さぶられる感情的同調ということですね。

しかし、既存メディア同様に一歩距離を置いて見る習慣をつければ、彼らの欺瞞が見えてきます。まずは彼らの説明ぶりをじっくりと観察してみる。

いつも申し上げていることですが、知識を得るだけではなく実践することが重要です。私たちは他人の言葉に左右されやすい。その弱点を認識しつつ、「自ら実践する」という基本を忘れないことです。洗脳支配は私たちが見破ることで消え去るのです。

トランプ暗殺未遂事件

2024年7月13日、米東部ペンシルヴェニア州でドナルド・トランプ前米大統領が支援者集会での演説中に撃たれる暗殺未遂が起きました。

これについていろいろな議論がなされていますが、犯人ははっきりしている。これは言うまでもなくDSの仕業です。

では狙いはどこにあったのか。

もちろんトランプ大統領を亡き者にすることですが、未遂に終わった後は一般の人々に「いろいろな議論をさせる」ことが狙いです。

暗殺未遂となった後は必ず「自作自演説」が出てきます。

――Xでは「Paintball attack? It's giving staged for politics. Trump is a great actress.（塗料入りボールによる攻撃？　政治のための自作自演だ。トランプは偉大な俳優だ）」という投稿が話題になりました。「この暗殺劇も劇場型の捏造茶番のように見えるな」という日本語での投稿も。

TBS系報道番組「サンデーモーニング」でキャスターと元外務事務次官のコメンテーターのやりとりで、キャスターによる「プラスのアピールにもなりかねない、という感じもしますね」という発言が炎上しました。

「トランプに有利に働く」という議論を巻き起こし、トランプ大統領の評判を下げるということとです。これからもいろいろなニュースや議論が巻き起こると思いますが、そこには「いかにトランプを貶めるか」という思惑があると考えるべきでしょう。

――SNSも含めてですが、日本のメディアからは「真相はどこにあるか?」を一生懸命に報道しているのが見て取れます。

私はその追求は「ほどほど」にしておいたほうがいいと思います。追及すればするほど首謀者の思惑に引きずられていく。まさに思うつぼなのです。この流れは大統領選挙の11月まで、いえ、終わってからも続くかもしれません。

いま「もしトラ」ですとか「確トラ」と言われていますが、アメリカにおいてトランプ大統領が次期大統領なのは揺るぎないことなのです。

トランプ大統領をどのようにして貶めるか、それがDSにとって目下最大のミッションなのです。４年前のような不正はもうできない。それはアメリカ国民の多くが目覚めているからです。DSの広報部隊であるアメリカの既存メディアですら「トランプ確定」を悟っているように見えますから。

――トランプ大統領の復権がもはや確定となると、DSはどのようにして阻止してくるのでしょうか？

これはわかりません。ただ、彼らの力が弱まっているということは確実です。しかし私たちは依然として、DSの広報部隊であるメディアが発する情報洪水の渦中にいる。

「トランプの当選は危うい」

「カマラ・ハリスが優勢」

右のような議論をしている方もたくさんおられます。皆さんもご承知のとおりカマラ・ハリスが勝てるはずがない。真実は実に簡単なことなのです。常識で考えれば当たり前のことを、複雑化することで煙に巻いている。

しかも、既存メディアだけではありません。繰り返しになりますが、いわゆるネットメディアからも洗脳されている。

安倍元総理のブレーンと目されていた評論家が、いまや「岸田首相万歳！」と言っていたりする——、そういう人たちが既存メディアとネットメディアを跋扈している。残念なことに彼らは世界の構造がもう変わってしまったことをご存じない。

私は公開情報のみですべてを判断しています。

既存のテレビ・新聞といったマスメディアには騙されなかった皆さんも、とりわけ「保守」と見なされていたネット言論人のウクライナ分析やハマス分析が的を射ていなかったわけが今一つよくわからないと感じておられるのではないでしょうか。

それは彼らの分析が「ビジネス」だからです。

つまり、特定の情報源があり、それをベースに言論ビジネスをしている。そうである以上、情報源の意向への配慮やその筋道に沿う必要があります。現実を自ら探求するのではなく、どこからか与えられた図式を優先しているのですから、当然と言えば当然です。

独自の分析もあるかもしれませんが、情報源の「方針」と乖離することはないのです。この点は私の40年にわたる外交官生活の経験から言えることなのですが、特定の情報源に頼るビジネスは限界がどうしてもあるのです。だから私は「公開情報」で分析することに徹しているのです

世界の出来事の99パーセントは公開情報で理解できるのです。いや、公開情報からでないと本質を理解できないと言ったほうが正確かもしれません。

いま本当は何が起きているのかを見抜くためには、大きな流れをつかんだうえで、ある程度大胆な仮説を立て、そこから原因を類推することが必要です。結果から原因を突き詰めるというアプローチです。ロジカルですが、重要なのは感性です。そうでないとトランプ大統領襲撃事件も陛下の御訪英の意味もわからないのです。

御訪英の様子は既存メディアが映像を流していたので、私もその公開情報で判断しています。テレビで放送された映像を観るだけでも異例の訪問だったということがわかるのです。

御訪英については次章で私の見立てをお話ししましょう。

第二章

世界の構造が変わった

変わってしまった世界の構造

――世界の構造が変わったとはどういうことなのでしょうか？

いわゆる保守と呼ばれる方々が見ている世界、教科書的な世界は、もうどこにも存在していない「幻影」ということです。世界情勢を理解しているという前提の有識者の先生方が説明する世界は、実際の事情とまったく違うということです。

それはどういうことかを見ていきましょう。

6月13日から15日にかけてイタリア・プーリアにてG7サミットが開催されました。プーリア・サミットに出席した各国首脳で、２０２５年にカナダ（アルバータ州カナナスキス）で開催されるG7サミットに出席される方は何人おられるでしょう。イタリアのメローニ首相を除くと、ゼロになるかもしれません。

日本の岸田文雄総理は２０２４年8月14日、自民党総裁選を1カ月後に控えるタイミングで自民党総裁選挙に立候補しない意向を表明しました。

アメリカのジョー・バイデン大統領は、そもそも２０２４年大統領選挙において劣勢でしたが、７月21日に大統領選から撤退すると表明しました。

イギリスのリシ・スナク首相は、７月４日に実施された下院総選挙で、与党・保守党が歴史的な大敗を喫したため保守党党首を退く意向を示し、翌５日には労働党のキア・スターマー党首が新首相に任命されました。

２０２４年６月８日〜９日に欧州議会選挙で、フランスではマリーヌ・ルペン氏率いる極右政党「国民連合（ＲＮ）」が大勝し、与党連合は大敗しました。

これを受けてエマニュエル・マクロン大統領は議会下院を解散し、６月９日に下院の解散・総選挙を発表。６月30日に第１回投票、７月７日に決選投票が行われ、結果的には左派連合（ＲＮ）が最大勢力になりましたが、国民連合は議席数で下院最大の政党に躍進しました。

――ルペン氏はマクロン大統領の早期辞任を要求しています。マクロン大統領もうかうかしていられない状況です。

ドイツのオラフ・ショルツ首相はＤＳのいいなり。岸田さんと同じですね。アメリカの大統領選挙結果ではショルツ首相は留まることができないかもしれません。議長国カナダのジャスティン・トルドー首相がどうなるかはちょっと読みきれませんが——。最悪の場合、２０２５年のサミットは行われない可能性すらあると見ています。

——11月のアメリカ大統領選を前にＧ７首脳に激震が起きているということですね。

これは予想されたことです。

世界的に見て、Ｇ７の相対的地位が下落したということは明白です。今までは一応世界の経済の半分以上を握っていた。世界をリードする立場だと自他ともに許されていた。ところがいまやＧ７は世界の少数派ということがバレてしまったのです。

それに変わってＢＲＩＣＳ、グローバルサウスの真の姿が明確になった。

ＢＲＩＣＳはブラジル（Brazil）、ロシア（Russia）、インド（India）、中国（China）、

南アフリカ（South Africa）の頭文字を合わせた造語です。この5カ国にエジプト、エチオピア、イラン、サウジアラビア、アラブ首長国連邦が会議参加国として正式加盟し、2024年からは10カ国体制になっています。

グローバルサウスとはインドやインドネシア、トルコ、南アフリカといった南半球の新興国・途上国の総称です。

実はいま世界の主導権を事実上握っているのは、今まで二流国だとみなされてきた国々。その先頭に立っているのがロシアのウラジーミル・プーチン大統領やインドのナレンドラ・モディ首相。

世界のあらゆる勢力図がすっかり変わってしまったことがわかると思います。すでに変わっていたのに、気づかないように洗脳されていたとも言えるでしょう。

このことは2023年末に上梓した『馬渕睦夫が読み解く2024年世界の真実』（ワック）のなかで大胆に記しました。

これをお読みになった当時はおそらくこんなことがありうるのかと思われたかもしれませんが。

プーチン・金正恩会談

2023年の9月13日、ロシア極東のボストーチヌイ宇宙基地で行われたプーチン・金正恩会談。私はこれを事実上のロシア・北朝鮮の同盟のスタートだと分析しました。

――馬渕先生は2023年の秋の「大和心ひとりがたり」「耕雨塾2023年後期講義」で、ロシアと北朝鮮の同盟スタートと分析されていました。

これは世界情勢の大きな地殻変動でしたが、既存メディアも朝鮮半島ウォッチャーもそう解釈できなかったようです。この会談で金正恩総書記はプーチン大統領とロシアの行動を以下のように評価しました。

「ロシアは覇権主義勢力に対して主権と安全を守るための神聖な戦いに立ち上がった」

「われわれはプーチン大統領とロシア指導部の決定を常に支持し、帝国主義との戦いで共に戦っていく」

「ロシアの軍と人民がウクライナ戦争で西側の帝国主義という『覇権を主張し拡張主義的な幻想を膨らませている巨悪』に勝利することを確信している」

（2023年9月13日／ロイター記事より）

金正恩総書記は西側のグローバリズム勢力と真正面から対峙し、戦っているプーチン大統領に共感し、共に戦うと言っている。これこそが世界情勢の大きな転換点だったのです。

――そして2024年6月19日にプーチン大統領が24年ぶりに北朝鮮を訪れ、金正恩総書記と首脳会談を行い、包括的戦略パートナーシップ条約に署名しました。

ロシアと北朝鮮のどちらか一方が戦争状態になった場合、軍事的な援助を提供することなどが明記されています。まさに同盟です。それは2023年の9月に始まっていたのです。その内容を既存メディアは以下のように報じています。

北朝鮮の国営メディアは20日、金正恩朝鮮労働党総書記とロシアのプーチン大統領が19日に署名した「包括的戦略パートナーシップ条約」の全文を伝えた。どちらかが停止しない限り、批准と同時に発効する。条約の概要は以下の通り。

◎国家主権の相互尊重、領土への不侵略、内政不干渉、平等、その他の国際法の原則に基づく恒久的パートナーシップを発展させる

◎世界の戦略的安定と公正で平等な新国際秩序を目指し、戦略的・戦術的協力を強化する

◎いずれかが潜在的な武力侵略の直接の脅威に直面した場合、遅滞なく通信チャネルを起動させる

◎武力攻撃に対する国家の個別的もしくは集団的自衛権を規定する国連憲章

第51条に従い、どちらか一方が戦争状態に陥った場合、利用可能なあらゆる手段を用いて直ちに軍事援助やその他の援助を提供する
◎相手国の核心的利益を侵害するような条約を第三国と締結したり、相手国の安全と主権を侵害しようとする第三国による領土の利用を許したりしない
◎主権、安全、安定を守るため平和的な政策を支持し、公正で多極的な新世界秩序の構築に積極的に協力する
◎国連その他の国際機関において、相互の利益と安全保障の問題について協力し、関連機関への加盟を相互に支持する
◎戦争を防止し地域および国際的な平和と安全を確保することを目的として、防衛力の強化に向けた共同行動を取るための措置を準備する
◎食料、エネルギー安全保障、情報通信技術、気候変動、保健衛生、サプライチェーン（供給網）など、戦略的に重要な分野における課題や脅威に協力して取り組む
◎貿易、経済、投資、科学技術における協力を拡大し、双方の経済特区または自由経済区を支援し、宇宙、生物学、原子力の平和利用、人工知能（A

ー）、情報技術を含む科学技術における交流と共同研究を発展させる
◎地域・国境を越えた協力を支援し、ビジネス団体の設立やフォーラム・展示会の開催など、双方の国境地域間の直接的な経済・貿易関係の確立に向け条件を整える
◎農業、教育、健康、スポーツ、文化、観光における交流を強化し、環境保護、自然災害の防止、その影響の排除における協力を模索する
◎製品規格、試験記録、品質証明書の相互承認を推進し、専門家研修と試験結果の交換を進める
◎相手国の法人および国民の法的権利および利益を保護し、法的支援の提供、身柄引き渡し・移送、ならびに犯罪的手法により取得した資産の返還において協力する
◎立法機関および法執行機関の交流を深める
◎双方を標的にした一方的な強制措置については、国連憲章および国際法規範に違反する違法なものであるとして反対し、これを阻止するための取り組みを調整する

◎国際テロリズム、過激主義、国際組織犯罪、人身売買、人質奪取、不法移民、違法な資金の流れ、マネーロンダリング（資金洗浄）、大量破壊兵器拡散のための資金調達、民間航空・海上航行の安全に脅威を与える違法行為、ならびに麻薬や向精神薬の生産・流通における課題と脅威に取り組むために協力する
◎情報セキュリティに関する協力を推進し、情報通信ネットワークの管理における平等な権利を擁護し、主権国家の尊厳とイメージを傷つけ、権利を侵害するような技術の悪用に反対する
◎広報・出版分野での協力を推進し、互いの文献の普及を奨励する
◎互いに関する客観的な情報を提供し、虚偽の情報や挑発的な宣伝活動と闘うために協力する
（2024年6月20日／ロイター）

長い引用になりましたが、まさに同盟関係としての盟約です。
北朝鮮という国はＤＳによって育てられた「ならず者国家」でした。これまで、マ

ネーロンダリング、麻薬ビジネス、軍事行動などDSの汚れ仕事を担当してきました。

２０２３年の会談、２０２４年に明文化された包括的戦略パートナーシップ条約から読み解けるのは、祖父の金日成（キム・イルソン）・父親の金正日（キム・ジョンイル）の路線からの脱却です。

つまり金正恩総書記によるＤＳとの決別と言っていいでしょう。これからは北朝鮮ファーストの国づくりをやるということです。

しかし、わが国の朝鮮半島ウォッチャーズはいまだにこれが認められない。気づけないのか認められないのかどちらかわかりませんが、的外れの記事を書いておられる。ＤＳの影響下にある従来の北朝鮮「独裁者金正恩による専制国家」という論調です。

これはまったく間違っている。

北朝鮮はもう変わってしまった。北朝鮮は「北朝鮮ファースト」の国になってしまったのです。もはやＤＳの傀儡ではなくなった。

金正恩総書記をＤＳと決別させたプーチン大統領。

西側のグローバリズム勢力と真正面から対峙しているプーチン大統領の信念とは何

か。これは２０２２年9月30日のドネツク州など４地域のロシア加盟条約調印式典における彼の演説を読めばわかります。少々長くなりますが、その全文を見てみましょう。

敢えて30ページにわたる全文をここに掲載したのは、私自身何回も読み直した結果、このスピーチに込められたプーチン大統領のメッセージが理解されたからなのです。読者の皆さんにも是非彼のメッセージを腑に落としていただきたい。

この文章にはプーチン大統領の歴史観がまとめられています。彼の歴史認識を理解すれば、現在の世界でＤＳが何をやっているのかが手に取るようにわかるのです。ＳＮＳなどで話題になったアメリカ人ジャーナリスト、タッカー・カールソンとのインタビューにおけるプーチン氏の発言の真意をよく理解できます。我が国の言論界でも、このインタビューを解説している論者が少なくないのですが、残念ながら的を射てはいません。何故なら、このインタビューにおけるプーチンの発言の意味を自己流に解釈しても、真意とは程遠いからです。

このスピーチはいわば真の近現代史の総括と言っても過言ではありません。

近現代史は、１８１５年のウイーン会議から始まったと見ることができます。ウイーン会議の主役はロシアのアレクサンドル1世とロンドン・シティのネイサン・ロスチャイルド卿でした。

ワーテルローのナポレオン戦争でイギリスのウェリントン将軍が勝利したとの情報を誰よりも早く入手したネイサンは、ロンドンの証券取引所に赴いて深刻な様子で手持ちのイギリス戦時公債を売り始めたのです。それを見て、周りのブローカーが我先に公債を売りに出したため、紙くず同然に暴落しました。ここで、ネイサンはこれら公債を買い占めたのです。そこへイギリス勝利の報が入り、ネイサンは一夜にしてヨーロッパ随一の大富豪になったのです。

ロスチャイルド家は各国に民間人からなる中央銀行（通貨発行銀行）を樹立してゆきました。

最後まで抵抗したロシアは、その後、開明君主として名高いアレクサンドル2世が共産主義革命家に暗殺されて、1917年にはレーニンのボルシェビッキ共産主義政権が誕生します。

かくしてDSはロシアを手に入れたのです。レーニンは亡命先のスイスからドイツの協力を得て封印列車で帰国し、ウォール街の国際金融家に庇護されていたトロッキーは、アメリカのパスポートを付与されてロシアに入国しました。

このレーニン政権の横暴ぶりをプーチン大統領はこのスピーチの中で世界に警告しています。伝統を破壊する共産主義を嫌うプーチン大統領は、11月7日の革命記念日を廃止しました。プーチンはスターリンを高く評価しています。その理由はスターリンの下で第二次世界大戦に勝利したことでは必ずしもありません。レーニンたちのユダヤ系ボルシェビッキ革命家から非ユダヤ系の革命家の手に政権を取り戻したからなのです。

スターリンはユダヤ系ロシア人たちの魂胆を警戒していました。第二次大戦におけるユダヤ人たちの活動ぶりをアメリカに発信していたユダヤ人委員会と称する団体が、クリミア半島にユダヤ人の自治区を認めるよう請願した際、スターリンはこれを拒否しました。後にフルシチョフ首相は回想録の中で、スターリンはこの動きの中にユダヤ人のロシア乗っ取りの企みを見抜いたからだと指摘しています。

もうお分かりのように、このスピーチでは近現代史における共産主義者の秘密が暴露されているのです。そのような視点を入れて何度も読み返してください。この作業によって、今私たちは世界史の中で何処に立っているのかがわかるはずです。

【2022年9月30日・プーチン大統領演説】

ロシア国民の皆さん、ドネツク人民共和国およびルガンスク人民共和国の国民の皆さん、ザポリージャ州およびヘルソン州の住民の皆さん、ロシア連邦の下院・上院議員の皆さん！

本日我々は、ドネツク人民共和国、ルガンスク人民共和国、ザポリージャ州、ヘルソン州のロシアへの加盟に関する協定に調印する。私は、連邦議会が4つの新しい地域を受け入れ、すなわちロシア連邦の4つの新しい構成体の承認と設立に関する憲法を支持することを確信している。これは何百万もの人々の意思だからだ。

そしてこれはもちろん彼らの権利で、国連憲章第1条に定められた不可侵の権利だ。この条項は「人民の同権と自決の原則」が明記されている。

繰り返すが、これは人民の不可侵の権利であり、歴史的統一に基づくものであり、その名の下に、私たちの祖先、すなわち古代ロシアの起源から何世紀にもわたってロシアを建設し、ロシアを守ってきた人々の世代が勝利を収めてきたのである。ここノヴォロシア（新しいロシア）では、ルミャンツェフ、スヴォーロフ、ウシャコフが戦い、エカテリーナ2世とポチョムキンが新しい都市を築いた。私たちの祖父や曾祖父たちは、大祖国戦争当時、ここで死闘を繰り広げた。

私たちは、「ロシアの春」の英雄たち、2014年にウクライナで起きたネオナチのクーデターに屈しなかった人たち、母国語を話す権利、文化、伝統、信仰を守る権利、生きる権利のために命を落としたすべての人たちのことを常に忘れないだろう。この人たちはドンバスの兵士であり、「オデーサのハティニ（虐殺）」の殉教者たちであり、キエフ政権が仕組んだ非人道的なテロ攻撃の犠牲者、ボランティアや民兵だ。民間人、子ども、女性、高齢者、ロシア人、ウクライナ人、さまざまな民族の人々である。ドネツクの真の民衆指導者アレクサンドル・ザハルチェンコ。戦闘指揮官アルセン・パブロフとウラジーミル・ジョガ、オルガ・コチュラ、アレクセイ・モズゴヴォイ。ルガンスク共和国検事セルゲイ・ゴレンコ。空挺兵ヌルマゴメド・ガジマゴメドフと、特別軍事作戦中に勇敢な死を遂げたすべての兵士と将校たち。彼らは英雄です。偉大なるロシアの英雄です。彼らに黙禱を捧げ、敬意を表していただきたい。

ドネツク人民共和国、ルガンスク人民共和国、ザポリージャ州、ヘルソン州の数百万人の人々の選択の背後には、私たちの共通の運命と千年の歴史があります。人々はこの精神的な絆を子や孫に伝えてきた。いかなる試練があろうとも、彼らは長年にわたってロシアへの愛を持ち続けた。そして誰も、私たちの中にあるこの感情を破壊することはできない。だからこそ、ソビエト連邦崩壊という悲劇を経験した後の世代である高齢者も若者も、私たちの団結と共通の未来のために投票したのだ。

１９９１年、ベロベーシの森で当時の党エリートの代表が、一般市民の意思を問うことなく、ソビエト連邦の解体を決定し、人々は一夜にして祖国から引き裂かれた。このことは、私たち人民の共同体を引き裂き、バラバラにし国家的大惨事となった。革命後、ソビエト構成共和国の国境が秘密裏に切り分けられたように、ソビエト連邦の最後の指導者たちは、１９９１年の国民投票における大多数の国民の直接的な意思表示に反して、私たちの偉大な祖国を解体し、国民にただその事実を突きつけた。

彼らは自分たちが何をしているのか、それが最終的にどのような結果をもたらすのか、おさらく十分に理解していなかった。しかし、それはもう問題ではない。ソビエト連邦は消滅し、過去を取り戻すことはできない。ロシアは今日、ソビエト連邦を必要としていないし、ソビエト連邦を目指しているわけでもない。しかし、文化、信仰、伝統、言語によって自分たちをロシアの一部と考え、何世紀にもわたってひとつの国家で暮らしてきた祖先を持つ何百万もの人々の決意ほど強いものはない。真の歴史的な祖国に帰ろうとする人々の決意ほど強いものはない。

8年という長い間、ドンバスの人々は大量虐殺、砲撃、封鎖にさらされ、ヘルソン州とザポリージャ州では、犯罪的な形でロシアとロシア的なものすべてに対する憎悪を育てようとした。今も「住民投票」において、キエフ政権は学校の教師や選挙管理委員会で働く女性たちを報復や死で脅した。意思を表明しに来た何百万人もの人々を弾圧で威圧した。しかし、ドンバス、ザポリージャ、ヘルソンの不屈の民衆は声を上げた。

ルガンスク、ドネツク、ヘルソン、ザポリージャに住む人々は永遠に私たちの国民となる。

私たちはキエフ政権に対し、すべての敵対行為、2014年に始めていた戦争を直ちに中止し、交渉のテーブルにつくことを求める。その準備はできている。しかし、ドネツク、ルガンスク、ザポリージャ、ヘルソンの人々の選択については議論しない。選択はなされた。今のキエフ当局は、この自由な民意の表明を尊重し、他のいかなる方法でも扱ってはならない。これが平和への唯一の道である。

私たちは、使えるすべての力と手段をもってこの土地を守り、国民の安全な生活を確保するためにあらゆることを行う。ここにこそ、解放というわが国民の偉大なる使命があるのだ。

私たちは、破壊された都市や町、住宅、学校、病院、劇場や博物館・美術館を必ず再建し、工業、工場、インフラ、社会保障・年金、医療、教育制度を復旧させ発展させる。

もちろん、治安の改善にも取り組む。新しい地域の市民が、ロシア全土、全共和国、広大な祖国の全地域、全州からの支持を実感できるよう、共に努力していく。

親愛なる友人・仲間の皆さん！

今日、特別軍事作戦に参加している兵士と将校、ドンバスとノヴォロシアの兵士の皆さん、部分動員令の後、愛国的義務を果たすために軍隊に入隊した皆さん、自らの心の呼びかけに応じて入隊事務所にやってきた皆さんに申し上げたい。彼らの両親、妻、子供たちに語りかけたい。私たちの同胞は何のために戦っているのか、私たちに敵対する敵は何なのか、誰が世界を新たな戦争と危機に陥れ、この悲劇から血塗られた利益を得ようとしているのかを。

私たちの同胞、ウクライナの兄弟姉妹たちは、私たちと同じひとつの民族の一部だが、いわゆる西側の支配層が全人類のために何を準備しているのかを自分の目で見てきた。実際、ここで西側の支配層は仮面を脱ぎ捨て、本性を現した。

ソビエト連邦の崩壊後、西側諸国は、世界は、私たちすべてを、永遠に彼らの命令に従わせることを決めた。そして1991年、西側諸国はロシアがこのようなショックから立ち直れず、自壊するだろうと予想した。私たちは、飢えと寒さと絶望に苛まれた90年代を覚えている。しかし、ロシアは抵抗し、復活し、強化され、世界における価値ある地位を取り戻した。

同時に、西側諸国は、ロシアを弱体化させ、破壊し、ロシア国家を分断し、民族を貧困と絶滅に追いやることを常に夢見てきた。彼らは、広大な領土と豊かな自然と資源を有し、決して他人の指示のもとで生きようとはしない国民がいる、このような偉大で巨大な国が世界に存在することが、西側にはどうしても気分が悪いのだ。

西側諸国は、新植民地システムを維持するために、あらゆる手段を講じる用意がある。新植民地システムは、西側諸国が寄生することを可能にし、実際、ドルの力と技術の独裁によって世界を略奪し、人類から真の年貢を徴収し、覇権への地代という不労所得の源泉を獲得してきた。この賃料を維持することが、彼らの重要な、真の、そして絶対に利己的な動機なのだ。だからこそ、完全な脱亜入欧が彼らの利益になるのだ。それゆえ、彼らは独立国家、伝統的価値観、独自の文化に対して攻撃的であり、彼らのコントロールの及ばない国際的統合プロセス、新しい世界通貨、技術開発の中心地を弱体化させようとする。彼らにとっては、すべての国がアメリカのために主権を放棄することが決定的に重要なのだ。

いくつかの国の支配層は、自発的にそうすることに同意し、自発的に臣下となることに同意する。もし失敗すれば、彼らは国家全体を破壊し、後に残るのは人道的災害、災難、廃墟、何百万もの人の破滅した運命、テロリストの群雄割拠、社会災害地帯、保護領、植民地、半植民地だ。自分たちが利益を得るためなら、彼らは気にも留めないのだ。

「西側集団」がロシアに対して仕掛けているハイブリッド戦争の本当の理由は、欲であり、無制限の権力を維持しようとする意図であることを、もう一度強調しておきたい。彼らは私たちに自由になってほしいのではなく、私たちを植民地と見なそうとしているのだ。彼らは対等な協力ではなく、強奪を望んでいる。彼らは私たちを自由な社会としてではなく、魂のない奴隷の群れとして見たいのだ。

私たちの思想や哲学は彼らにとって直接的な脅威であり、だからこそ彼らは私たちの哲学者を攻撃するのだ。私たちの文化や芸術は彼らにとって危険であり、だからこそ彼らはそれらを禁止しようとする。発展と繁栄もまた、競争が激しくなるため、彼らの脅威となる。彼らにとってロシアはまったく不要で、ロシアを必要としているのは私たちなのだ。

思い出していただきたい。過去の世界征服の野望は、私たち国民の勇気と不屈の精神によって何度も打ち砕かれてきた。ロシアはいつまでもロシアであり続ける。私たちは自分たちの価値観と祖国を守り続ける。

西側諸国は、すべて目こぼしされ、免罪されると期待している。実のところ、西側諸国はこれまで一切とがめられずに済んでいた。戦略的安全保障の分野での合意はゴミ箱に投げ込まれ、最高政治レベルでの合意はナンセンスであると宣言され、NATOを東方へ拡大しないという確固たる約束も、前の指導者が信じ込んだとたんに汚い欺瞞であることが判明し、弾道弾迎撃ミサイル制限条約や中距離核戦力全廃条約（INF）は、こじつけの口実で、一方的に破棄されている。

各方面から聞こえてくるのは、「西側諸国はルールに基づいた秩序を守っている」という言葉だけだ。ルールはどこから来たのか？　誰がこのルールを見たのか？　誰が合意したのか？　これはナンセンスであり、完全な欺瞞であり、ダブルスタンダード、あるいはトリプルスタンダードだ！　愚か者のためのものだ。

ロシアは千年の歴史を持つ偉大な大国であり、文明国である。

国境不可侵の原則を踏みにじり、誰が自決権を持ち、誰が自決権を持たないか、誰が自決権を持つに値しないかを自らの裁量で決めているのは、いわゆる西側諸国である。なぜ彼らがそう決めるのか、誰が彼らにそのような権利を与えたのかはわからない。勝手にそうしているだけだ。

だからこそ西側は、クリミアやセバストポリ、ドネツク、ルガンスク、ザポリージャ、ヘルソンの人々の選択に激しい怒りを抱くのだ。西側には、それを評価する道徳的権利も、民主主義の自由について語る権利すらない。今も、これまでも決してなかった。

西側のエリートたちは国家主権だけなく国際法をも否定している。彼らの覇権主義には、全体主義、専制主義、アパルトヘイトの性格が顕著である。彼らは図々しくも世界を、いわゆる文明国と、それ以外の、今日の西欧の人種差別主義者に言わせれば野蛮人、未開人のリストに加えられるべき国々に分けている。「ならず者国家」「権威主義政権」といった誤ったレッテルはすでに用意されており、民族や国家全体に汚名を着せている。西側のエリートたちは、かつてそうであったように、そして今もそうであるように、植民地主義者なのだ。

私たちは、このような政治的民族主義とレイシズム（人種差別主義）を決して受け入れないし、これからも受け入れないだろう。そして、今、世界中に広がるルソフォビア（ロシア恐怖症）が、レイシズムでなければ何だというのか。西側諸国が自国の文明、新自由主義文化が全世界の疑う余地のない模範であると信じて疑わないこととはレイシズム以外の何ものだというのか。「こちら側につかない者は敵だ」、これさえも奇妙に聞こえる。

西側のエリートたちは、自分たちの歴史的な罪の悔悟さえも、他者に転嫁しようとしている。自国・他国の人々に対し、例えば植民地時代の搾取のように彼らが一切関わりのないことについて、謝罪するよう求めている。

西側は思い出したほうがいいだろう。西洋が植民地政策を始めたのは中世であり、その後、世界的な奴隷貿易、アメリカ大陸でのインディアン部族の大量虐殺、インドやアフリカでの略奪、イギリスとフランスによる中国との戦争が始まり、その結果、アヘン貿易のために開港を余儀なくされた。彼らが行ったのは、国全体を麻薬に溺れさせ、土地と資源のために民族全体を意図的に絶滅させ、人々を動物のように狩ることだった。これは人間の本質、真実、自由、正義に反する行為だ。

そして私たちは、20世紀にわが国が反植民地運動を主導したことを誇りに思う。世界の多くの人々に発展の機会を開き、貧困と不平等を減らし、飢餓と病気を克服した。

何世紀にもわたるルソフォビアや、西側エリートたちのロシアに対する露骨な悪意の理由のひとつは、まさに私たちが植民地支配の時代にも搾取されることをよしとせず、ヨーロッパ人に相互利益のための貿易を強いたからであることを強調したい。これを成し遂げられたのは、ロシアに強力な中央集権国家を創設し、ロシア正教、イスラム教、ユダヤ教、仏教の偉大な道徳観、万人に開かれたロシア文化、ロシア語の上に発展し、強化していったからだ。

ロシアへの干渉は何度も計画され、17世紀初頭の混乱期や1917年以降の混乱期を利用しようとしたが、失敗に終わったことはよく知られている。西側諸国がロシアの富を手に入れることができたのは、国家が崩壊した20世紀末のことだった。当時、私たちは友人やパートナーと呼ばれていたが、実際には植民地として扱われ、さまざまな策略によって何兆ドルもの資金が国外に吸い上げられた。私たちは何もかも覚えているし、何も忘れてはいない。

そして最近では、ドネツクやルガンスク、ヘルソンやザポリージャの人々が、私たちの歴史的な団結を回復することに賛成している。

ありがとう。

西側諸国は何世紀にもわたり、他国に自由と民主主義をもたらすと言い続けてきた。民主主義の代わりに抑圧と搾取、自由の代わりに奴隷化と暴力。一極集中的な世界秩序は、その本質において反民主的で不自由であり、根底から嘘と偽善である。

アメリカは世界で唯一、核兵器を2度使用し、日本の広島と長崎を破壊した国だ。彼らは前例を作った。

また、第二次世界大戦中、アメリカはイギリスとともに、ドレスデン、ハンブルク、ケルン、その他多くのドイツの都市を軍事的な必要性なしに廃墟にしたことも思い出してほしい。繰り返すが、軍事的必要性はなかった。目的はただひとつ。日本への原爆投下もまた同様で、わが国そして全世界を威嚇することだった。

アメリカは、ナパーム弾や化学兵器を使用して野蛮な「絨毯爆撃」を行い、朝鮮半島とベトナムの人々の記憶に恐ろしい傷痕を残した。

今日に至るまで、アメリカはドイツ、日本、大韓民国、その他の国々を占領し、対等な同盟国だと皮肉っている。これはどんな同盟なのだろう？　これらの国の指導者たちが監視下に置かれていること、これらの国の首脳がオフィスだけでなく自宅にも盗聴器を設置されていることは、世界中が知っている。これは本当に恥ずべきことだ。仕掛ける側にとっても、奴隷のように黙ってこの無礼な行為を受け入れている側にとっても、恥ずべきことだ。

彼らは家臣に対する命令や無礼で侮辱的な怒鳴り声を「欧州大西洋連帯」と呼び、ウクライナなどでの生物兵器の開発や生きた人間に対する実験を崇高な医学研究と呼ぶ。

自らの破壊的な政策、戦争、略奪によって、アメリカは今日の巨大な移民の急増を引き起こした。何百万人もの人々が窮乏と虐待に耐え、何千人もの死者を出しながら、ヨーロッパに到達しようとしている。

ウクライナから穀物が輸出されている。「世界最貧国の食料安全保障」という口実のもと、その穀物はどこに向かっているか？　すべて同じヨーロッパ諸国だ。わずか5パーセントが世界の最貧国に向かった。これもまたトリックであり、完全な欺瞞である。

実際、アメリカのエリートは、競争相手を弱体化させ、国家を破壊するために、こうした人々の悲劇を利用している。これはヨーロッパにも当てはまり、フランス、イタリア、スペインなど、何世紀もの歴史を持つ国々のアイデンティティにも関わることだ。

アメリカはロシアに対する制裁をますます強化するよう要求しており、ヨーロッパの政治家の多くはそれに従順に同意している。アメリカは、EUがロシアのエネルギーやその他の資源を完全に拒絶するように働きかけるが、これがヨーロッパの産業衰退につながり、アメリカがヨーロッパの市場を乗っ取ろうとしていることは、ヨーロッパの政治家自身もはっきりと理解している。これはもはや奴隷根性ではなく、自国民に対する直接的な裏切りだ。

しかし、アングロサクソンは制裁だけでは飽き足らず、バルト海の海底を走る国際ガスパイプライン「ノルドストリーム」の爆破という破壊工作に手を染めた。信じられないが、これは事実だ。ヨーロッパ全体のエネルギーインフラの破壊に着手したことになる。誰が得をするかは誰の目にも明らかだ。そして恩恵を受ける国が実行したと考えるのは、当然のことだ。

アメリカの独裁は、武力、拳の法則に基づくものだ。時にはきれいに包装され、時には包装されないが、本質は同じ拳の法則である。それゆえ、世界各地に何百もの軍事基地を配備・維持し、NATOを拡大し、AUKUSのような新たな軍事同盟を結ぼうとしている。また、ワシントン、ソウル、東京の間に軍事的・政治的結びつきを作ろうとする動きも活発だ。真の戦略的主権を持ち、西側の覇権に挑戦できる国家、あるいはそれを目指す国家はすべて、自動的に敵に分類される。

米国とNATOの軍事ドクトリンはこうした原則に基づいており、完全支配に勝るとも劣らないことを要求している。西側のエリートたちは、平和主義を装って新植民地計画を抑止を語ることにより偽善的に示している。こうしたずるい言葉は、ある戦略からまた別のものへと移り変わっていくが、本質的に意味するところはひとつ。いかなる主権を持った発展の中心も崩すということだ。

ロシア、中国、イランの封じ込めについてはすでに聞いた。私は、アジア、ラテンアメリカ、アフリカ、中東の他の国々、そして米国の現在のパートナーや同盟国が次の標的だと考えている。何か気に入らないことがあると、すぐに同盟国に対して制裁を科すことを私たちは知っている。これは慣行であり、今後も拡大し続けるだろう。最も近い隣国であるCIS諸国を含め、彼らはすべての国に照準を合わせている。

同時に、西側が長い間希望的観測を続けてきたのは明らかだ。こうしてロシアに対する電撃的な制裁を開始することで、彼らは再び全世界を自分たちの指揮下に置くことができると信じていた。しかしこのようなバラ色の展望を聞いて皆が興奮したわけではない。極度の政治的マゾヒストや他の型破りな国際関係の信奉者を除いては。大多数の国家は敬礼するのを拒否し、ロシアとの協力という合理的な道を選んだ。

西側諸国は明らかに、彼らがこのような反抗をするとは予想していなかった。彼らは単にテンプレートに従って行動し、力、恐喝、賄賂、脅迫によってすべてを手に入れることに慣れていた。あたかも化石となって過去に凝り固まったかのように、これらの方法が永遠に通用すると確信しているのだ。

このような自信は、自分たちは例外だという悪名高い概念、これも驚きではあるが、それだけでなく、西側諸国における真の「情報飢饉」の直接的な結果でもある。度を超えて攻撃的なプロパガンダを使い、真実を神話、幻想、捏造の大海原に沈め、ゲッペルスのように嘘をつき通してきた。嘘が信じがたいものであるほど、人は簡単に信じてしまう。この原則に従って動いている。

しかし、印刷されたドルやユーロを人々に食べさせることはできない。その紙切れを食べさせることはできないし、欧米のソーシャルネットワークの膨張したバーチャル投資で家を暖めることもできない。私が話しているのはすべて大事なことだ。しかし、それと同じくらい重要なのは、今私が言ったことだ。紙切れを食べさせることはできない。食料が必要だ。膨れ上がった投資では誰も暖めることはできない。エネルギーが必要だ。

だからヨーロッパの政治家たちは、同胞である国民に、食事の量を減らし、洗濯の回数を減らし、家では暖かい服装をするよう説得しなければならないのだ。そして、「なぜこのようなことになるのか」と、ごく当然の疑問を呈した者は、ただちに敵、過激派、急進派と決めつけられてしまう。ロシアに矛先を向け、これが悩みの種だと言う。彼らはまた嘘をつく。

私が強調したいのは、西側のエリートたちが、世界的な食料・エネルギー危機に対する建設的な打開策を模索するつもりがなさそうだと、考える根拠が十分ある。この危機はウクライナとドンバスにおける特別軍事作戦が始まるずっと以前から、彼らが長年とってきた政策の結果として、まさに彼らの責任で生じた。彼らは不正と不平等の問題を解決するつもりはない。彼らは、ほかの馴染みのある方法を使うのではないかと懸念する。

ここで思い出す価値があるのは、西側諸国が20世紀初頭の苦境を第一次世界大戦によって脱したという事実だ。アメリカは第二次世界大戦で得た利益によって、大恐慌を克服し、世界最大の経済大国となり、基軸通貨としてのドルの力を世界中に押しつけることができた。そして1980年代の危機、前の世紀の80年代にも危機が迫っていたが、西側は崩壊しつつあったソ連の遺産と資源を流用することによって、危機を克服することができた。これは事実である。

今、矛盾のもつれから抜け出すために、彼らは主権的な発展路線を選ぶロシアやその他の国々を何としても解体し、他国の富をさらに略奪して自国の穴埋めをする必要がある。うまくいかなければ、システム全体の崩壊を引き起こし、すべてそのせいにすることが懸念される。有名な「戦争がすべてを帳消しにする」という法則を使うかもしれない。

ロシアは国際社会に対する責任を自覚しており、このような頭に血が上った人たちを正気に戻すためにあらゆる手段を講じるだろう。

現在の新植民地主義が最終的に破滅することは明らかだ。しかし、真の主人たちは最後までそれにしがみつくだろう。彼らは、この略奪とゆすりのシステムを維持する以外に、世界に提供できるものは何もないのだ。

実際、彼らは何十億という人々、つまり人類の大多数が持つ自由と正義、自分たちの未来を決めるという当然の権利に唾を吐きかけたのだ。そして今、彼らは道徳的規範、宗教、家族を根本的に否定するようになった。

とても単純な質問に答えよう。今こそ私は先ほど話したことに戻りたい。この国のすべての国民、会場の中にいる皆さんだけでなく、すべてのロシア国民に語りかけたい。私たちはこの国、ロシアに、父親と母親の代わりに「親1号」、「親2号」、「親3号」がいてほしいのだろうか？　私たちは、劣化と絶滅につながる倒錯を、小学校から学校で子どもたちに押し付けたいのだろうか？　子どもに女と男以外に性別があるはずだと教え、性転換手術を勧めたいのだろうか？　これが私たちの国や子どもたちに望むことなのだろうか？　このようなことはすべて受け入れられない。私たちには、自分たちの別の未来がある。

繰り返すが、西側エリートの独裁は、西側諸国の国民を含め、すべての社会に向けられている。これはすべての人への挑戦なのだ。人間を完全に否定し、信仰と伝統的な価値観を破壊し、自由を抑圧するこのようなやり方は「逆さの宗教」、つまり、あからさまなサタニズム（悪魔崇拝）の特徴を帯びている。イエス・キリストは「山上の垂訓」の中で、偽預言者たちを糾弾し、「あなたがたはその実で彼らを見分ける（マタイの福音書7章20節）」と言った。そして、これらの毒の実は、わが国だけでなく、西側の多くの人々を含むすべての国の人々にとって、すでに明白である。

世界は革命的な変革期を迎えている。この変容は根本的な性質を持つ。発展の中心が新たに形成されつつあり、それは多数派、国際社会の多数派を代表し、自分たちの利益を主張するだけでなく守っていく用意もある。自国の主権を強化する機会を多極化の中に見いだしている。これは本当の自由と歴史的展望、自立的で創造的な独自の発展や調和の取れたプロセスを遂げる権利を獲得することだ。

私が言ったように、ヨーロッパやアメリカを含む世界中に、私たちには志を同じくする多くの人々がおり、彼らの支持を感じている。一極集中の覇権主義に反対する解放運動、反植民地運動は、すでにさまざまな国や社会で展開されている。こうした力こそが、将来の地政学的な現実を決めていくのだ。

親愛なる友人の皆さん！

今、私たちは公正で自由な道を求めて戦っています。まず第一に、私たち自身のために、ロシアのために、独裁や専制政治を永遠に過去のものとするために。私は、各国と諸国民が、排他的で他文化と他民族の抑圧の上に成り立つ政策は本質的に犯罪的であり、この恥ずべきページをめくらねばならないことに気づいていると確信している。西側の覇権の崩壊は不可逆的なものである。繰り返すが、かつてのようにはもうならないのだ。運命と歴史が私たちを呼び寄せた戦場は、私たちの民族のため、偉大な歴史的ロシアのための戦場である。大いなる歴史的ロシアのため、そして未来の世代のため、私たちの子、孫、ひ孫のための戦場なのだ。奴隷状態、心と魂を壊す恐ろしい実験から、彼らを守らなければならない。

今、私たちが戦っているのは、ロシアを、私たちの民族を、私たちの言葉を、私たちの文化を歴史から消し去ることができようとは、決して誰の頭にも浮かばないようにするためだ。今、私たちは社会全体の結束を必要としており、そのような結束の基礎となるのは、主権、自由、創造、正義だけである。私たちの価値観は、博愛、慈悲、そして思いやりだ。

そして、真の愛国者イヴァン・アレクサンドロヴィチ・イリインの言葉で私のスピーチを締めくくりたい。

「私がロシアを祖国だと考えるなら、それは私がロシアの心で愛し、熟考し、ロシア語で歌い、話し、ロシア民族の精神の力を信じるということだ。ロシア民族の精神は私の精神、民族の運命は私の運命。民族の苦しみは私の悲しみ、民族の栄華は私の喜びだ」

この言葉の背後にあるのは、1000年以上にわたるロシア国家の歴史の中で、私たちの祖先の何世代にもわたって追い求めてきた、大きな精神的な選択だ。今日、私たちはこの選択をする。ドネツク人民共和国とルガンスク人民共和国の市民、ザポリージャ州とヘルソン州の住民はこの選択をした。彼ら祖国とともにあり、祖国の運命を生き、祖国とともに勝利することを選んだのだ。

私たちとともに真実がある。私たちのうしろにはロシアがある。

（2022年9月30日／コムソモリスカヤ・プラウダ）
https://www.kp.ru/daily/27452.5/4655517/

さて、全文を読んだ感想はいかがですか。難く見える文章が、何やら懐かしく感じられたのではないでしょうか。それもそのはず、今現在の世界の動きを的確に言い当てているからです。

この文章の中で全く言及されていない国があったのに気づかれたでしょうか。それは北朝鮮です。次項で詳しく解説しますが、この時期（2022年9月）ロシアと北朝鮮との間で機微な交渉が進行中であったからだと推察されます。それに比べ、米国、日本、韓国の三国軍事協力の強化を指摘していることが注目されます。約1年後のワシントン郊外のキャンプデービッドでの三国首相会談（2023年8月18日）を予感させるものです。

私が最も強調したいのは、このスピーチは一面DSへの徹底的挑戦状ではありますが、同時に千年の伝統を有するヨーロッパ諸国や大国アメリカの愛国者に対し「共に

DS退治に乗り出そう」との呼びかけでもあったのです。

この呼びかけを正しくとらえた各国の愛国者たちが、具体的な行動に打って出始めました。スピーチ直後の11月14日に、トルコのアンカラでバーンズCIA長官とナルイシキン・ロシア情報局長官との会談が行われました。ウクライナ戦争さなかの会談ということは、停戦問題を話し合ったことが容易に想像できます。翌11月15日にはロシアがミサイルをポーランドに着弾させたとの偽情報がウクライナからもたらされましたが、アメリカがいち早く否定しました。

なお、この日トランプ氏が大統領選への立候補を表明しています。

以降、ウクライナ戦争はDS対愛国者勢力の戦いに変化したと言うことができます。この視点を入れて現在のウクライナ戦争を解釈すれば、愛国者たちが停戦へ向けて様々な努力を行っていることが見て取れます。既存メディアや一部SNSなどに見られるウクライナの越境攻撃の意味も正しく解釈できます。私はウクライナ戦争終結に向けたゼレンスキー側の最後の取引に見えます。私たちが驚くような結末が待っているように思えてなりません。

ロシアと北朝鮮の同盟がもたらすもの

北朝鮮がロシアと同盟国になったこと、この世界構造の変換は日本の国益にも作用します。２０２４年５月に日朝首脳会談の実現に向けてウランバートルで北朝鮮と接触したというニュースが流れていましたが、これは意味がないですね。

韓国紙の中央日報は13日、北朝鮮と日本の関係者が5月中旬、モンゴルの首都ウランバートル近くで接触したと報じた。消息筋の情報として、北朝鮮から対外工作機関の軍偵察総局や外貨稼ぎの関係者ら３人が参加、日本側からは「有力な家門の政治家」が代表団の一員として出席したとしている。

日朝首脳会談をめぐり、北朝鮮の金正恩（キムジョンウン）総書記の妹、金与正（キムヨジョン）・朝鮮労働党副部長は3月、「日本側とのいかなる接触も交渉も拒否する」との談話を発表。しかし、同紙は「北朝鮮が内外の難局を突破するための様々な方策を模索」している可能性を指摘した。消息筋の一人は、日朝が中国の内モンゴル地区で「先週後半に再び会うことになっていた」としたが、実際に接触があったかどうかは定かでないと報じた。
林芳正官房長官は13日の記者会見で「報道は承知しているが、事柄の性質上、答えは控える」としつつ、「北朝鮮に対してはこれまでも様々なルートを通じて働きかけを行っている」と強調。日朝首脳会談の実現に向けて「(岸田文雄)総理直轄のハイレベルで協議を進めていく考えに変わりはない」と述べた。(太田成美=ソウル、笹川翔平)
(2024年6月13日/朝日新聞デジタル)

日朝首脳会談の実現、その先には拉致問題の解決があります。

なによりも大切なのは拉致被害者の方が生存しておられる間に日本に帰国していただくことです。

かつての北朝鮮による日本人の拉致が北朝鮮の一存だったとすれば、常識的に考えて日本の警察が阻止できないはずがない。

わざわざ日本の海岸に来て、人間を袋に入れて持ち去るなんてできるはずがないのです。それが可能だったのは日本の警察に「動くな」とだれかが命令したからに他ならない。それは常識的に考えれば推察できます。

小泉総理の訪朝時に金正日総書記が拉致を認めて謝罪しました。当時あまり指摘されなかったのですが、北朝鮮にとって日本人を拉致する動機はなかったのです。

北朝鮮が日本人を拉致した理由は「反日工作のエージェントや日本語教師が必要だった」ということですが、そんなことをする必要があったのか。

そもそも当時の北朝鮮には日本語の堪能な人が大勢いたのです。

在日朝鮮人の帰還事業（１９５９〜１９８４）で在日朝鮮人とその家族、日本人の奥様も含め、日本で生活した人が北朝鮮にはたくさんおられた。拉致という危険を冒し強制的に連れてこなくても、日本語の教官はたくさんいたのです。

――必要ないのに、あえて拉致を行った理由は何なのでしょうか？

日本と北朝鮮が永遠に和解できないようにする、ＤＳの工作だったからだと見ることができます。北朝鮮はＤＳが育てた国だった。つまり、ＤＳの思うままにアジアで問題を起こさせる。そのひとつが拉致問題なのです。

重要なのは金正恩総書記が拉致には手を染めていないということ。拉致に手を染めたのは彼の祖父の金日成と父の金正日。しかも彼らも自分のイニシアティブで動いたのではなく、ＤＳの下で動いた。しかし、実行したわけですから、責任から逃れることはできません。

もはやＤＳの傀儡ではなくなった北朝鮮ゆえに、拉致問題もプーチン大統領を介せば早期解決がはかれると私は見ています。

２０２４年6月21日に外務省の中込正志欧州局長がモスクワを訪問しました。いまさらなぜ、彼がモスクワを訪問したのかを考えてみたいと思います。

在ロシア日本大使館は21日、日本外務省の中込正志欧州局長がロシア外務省を訪れ、日本などを担当するリュドミラ・ボロビヨワ・アジア第3局長と会談したと発表した。ウクライナ侵攻後に停止した北方墓参や北方四島周辺での日本漁船の安全操業の早期再開を申し入れたとしている。

2022年2月のウクライナ侵攻後、外務省の局長級がロシアを訪問するのは初めて。ロシア外務省は、日本側から働きかけがあったとしている。日本大使館の発表によると、中込氏は「ウクライナ侵略は明確な国際法違反である」として、侵略の即時停止を要求。19日にロシアのプーチン大統領が訪問したばかりの北朝鮮との軍事協力の強化についても、日本側の懸念を伝えた。

日本大使館によると、中込氏は、大使館員との意見交換のためモスクワを訪れていたという。

これに対し、ロシア外務省は「岸田政権の敵対的な政策により両国の関係は前例がない水準まで悪化した」と日本を批判。北朝鮮との関係発展への批判は受け入れられないとし、ユーラシア大陸に新たな安全保障体制をつくるプーチン氏の考えを伝えたという。

日本政府はロシアのウクライナ侵攻後、米欧と協調して対ロシア制裁を導入。これに対し、ロシアは日本を「非友好国」に指定した。双方が外交官を国外追放するなど関係が悪化し、北方墓参など日ロ協力の枠組みも停止している。

（2024年6月22日／朝日新聞デジタル）

「ウクライナ侵略がけしからん」などと欧州局長あたりが言ったところでインパクトがないですし、いまさら言う意味もないのは皆さんもおわかりでしょう。

ロシアを「日本の敵だ」と言い続けてきた岸田政権、その配下の欧州局長がわざわざ敵の中に突入するわけです。何か表に出てこない隠された目的があるはずだと、むしろそう考えなければいけない。

ここからは推察ですが、拉致問題を話しに行ったのではないか。私は「ロシアに頼んだら拉致問題が解決する」と言ってきましたが、それも踏まえてフォローされたのではないでしょうか。そうでなければ行く価値がない。何のためにこの時期にロシアに行くのか説明できないのです。それに、そもそもロシア政府が中込氏にビザを出したことも裏に何かあることを匂わせるものです。加えて、中込氏に対応したのがウクライナ担当部長ではなく、日本担当のアジア局長であったことも注目に値します。

――公開情報の意味を読み解くとはこういうことなのですね。

読み解いても、気安くまわりの方には吹聴しないほうがいいかもしれません。気でも狂ったのかと思われる危険がありますからね（笑）。

もちろん、拉致問題解決をロシアに依頼した場合、日本はロシアに対して代償を払う必要があります。北朝鮮に対しては返してくれるなら「北朝鮮の責任は問わない」と言うことができる。

ロシアにとって、金正恩総書記に働きかけて拉致被害者を返すということは難しいことではない。しかしロシアに対してどのような手当てをするか。もちろん今のようなウクライナへの前のめりな加担は変更する必要がある。しかしそれをすれば、少なくとも今年の11月まではバイデン政権と正面衝突となる危険がある。それを考慮すると、拉致被害者の返還が実現するとしたらトランプ大統領が当選した後になる。これは常識的に考えればわかります。

――朝鮮戦争のときは北朝鮮が攻め込みました。韓国の歩み寄りを拒絶している姿からも、韓国が脅威にさらされているというイメージで報道されています。

朝鮮半島有事

実は、これは1950年の朝鮮戦争とまったく逆なのです。北朝鮮は韓国が攻めてくることに備えている。次回の朝鮮半島有事とは韓国が北朝鮮を攻撃すること。このことについては100％の自信を持って申し上げます。

象徴的な出来事は2023年8月18日のキャンプ・デービッド会談です。バイデン大統領は、日本の岸田総理と韓国の尹錫悦（ユン・ソンニョル）大統領をキャンプ・デービッドに迎え、3カ国首脳会談を開催しました。なぜ、アメリカはこんな時期に日韓のトップをわざわざ呼び出したのか。わざわざキャンプ・デービッドで会談する理由がないのです。

――カービー戦略広報調整官は、歴史的に重要な首脳会談が行われてきたキャンプ・デービッドで日米韓首脳会談を開催する理由を「バイデン大統領は岸田総理大臣とユン大統領の政治的な勇気や日韓関係を改善するために行われてきたすべての努力をたたえると同時に、バイデン大統領自身が2カ国との関係をいかに重視しているのかを示すのにふさわしい場だと実感したからだ」と記者発表しています。

これは私の想像ですが、アメリカは韓国に対して北朝鮮との有事を起こさせる要請をしたのではないか。場合によっては日本も一緒にやれと――。

朝鮮有事を起こすとしたら、２０２４年の11月、つまりアメリカ大統領選までに起こさなくてはならないわけです。起こらないにこしたことはないのですが、何かが起こるとすれば朝鮮半島有事なのです。

○日米韓首脳会合の概要より抜粋（外務省ホームページ）

バイデン大統領は、日本及び韓国の防衛に対する米国の拡大抑止のコミットメントは強固であり、米国のあらゆる種類の能力によって裏打ちされていることを再確認しました。その上で、三か国の首脳は、北朝鮮による弾道ミサイル発射は、国際社会の平和と安全を脅かすものであるとして強く非難するとともに、国連安保理決議に従った北朝鮮の完全な非核化に向けたコミットメントを再確認しました。三か国の首脳は、地域の抑止力・対処力の強化、国連安保理決議の完全な履行の確保において引き続き緊密に連携することを確認するとともに、２０２４年には日米韓三か国が揃う国連安保理で緊密に連携していくことで一致しました。また、北朝鮮との対話の道が開かれていることについても認識を共有しました。さらに、岸田総理大臣から、拉致問題についてバイデン大統領及び尹大統領から一貫した支持を得ていることに改めて謝意を表明しました。

――日本のメディアも有識者も「朝鮮半島有事」ではなく、「台湾有事」ばかりを心配しています。

台湾有事はいわゆる習近平が台湾を侵攻するという話ですが、私は中国の台湾侵攻が起こる可能性よりも朝鮮半島有事を注視しています。

なぜなら、今の東アジアの状況は１９５０年のアチソン演説時の構図と同じで、朝鮮半島と台湾での戦争が想定された場合、歴史が正確に繰り返されるならば、戦争が起こるのは朝鮮半島の可能性が高いからです。

中国共産党政権成立の歴史に加え、今日の台湾をめぐる中共とアメリカの思惑を理解するうえで、１９５０年1月のアチソン国務長官の演説は無視できません。

――アチソン国務長官は「中国大陸から台湾への侵攻があっても、台湾防衛のためにアメリカが介入することはない。アメリカのアジア地域の防衛線には南朝鮮を含めない」（於ナショナル・プレスクラブ）と演説しました。

ここで見落としてはいけないのは、アメリカが毛沢東政権樹立の3カ月後に「台湾が中国のものである」という認識を示していることです。

現在もアメリカは正式に「アチソン路線を変更した」とは宣言していない。ゆえに古証文ではなく、現在でも有効なアメリカのドクトリン（基本原則）と考えられる。それに基づけば、台湾はすでに中国のものなのです。

しかし、チャイナ・ウォッチャーは「習近平の野望」というとってつけた理由で中共の台湾侵攻をほのめかしています。それはウクライナにおける「プーチンの野望」という理由付けと同じくらい説得力がない。中共による日本有事を台湾有事という対岸の火事にすり替えているとも言えます。

常任理事国という欺瞞

台湾も韓国もアメリカの防衛線の外だと宣言したアチソン国務長官の演説を受けて、1950年6月25日に金日成の北朝鮮が李承晩の韓国に攻め込み、朝鮮戦争が勃発しました。

皆さんご存じのとおり、北朝鮮軍はソウルを占領し、半島南端の釜山に迫ったわけです。そこで何が起こったか。

――国連安保理が国連軍の派遣を決定。米軍のマッカーサー元帥を統一司令部に任命し韓国側に立って介入してきました。

教科書ではそこまでしか教えてくれません。なぜ国連軍が介入できたのでしょうか？　当時の北朝鮮の同盟国であるソビエト連邦が国連常任理事国なのですから、拒否権を行使すれば国連軍の派遣などできない。

国連安保理は国連軍の派遣をソ連欠席のまま決定したわけですが、これはスターリンが油断していたとか、そういう話ではありません。

――ソ連の国連代表が国連軍派遣にかかわる重要な安全保障理事会を欠席した理由はどこにあったのでしょうか？

その理由はソビエト連邦で28年間にわたり外務大臣を務めたアンドレイ・グロムイコの回顧録を紐解くと見えてきます。そこには、スターリンが安全保障理事会の欠席を指示したと書いてある。つまり、欠席する理由があった。

——欠席という体をとって事実上、国連軍の介入を認めたということですね。

そういうことです。スターリンもアメリカと共謀していたということ。結局、ソ連は安保理を欠席して拒否権を使わなかった。

だから、国連軍は介入できた。国連軍と言いつつも、その9割はアメリカ軍によって構成されていたのは皆さんもご承知でしょう。

「米ソ冷戦とは何だったのか」というのは私の研究の原点でもありますが、結論から言えば、米ソ冷戦は八百長だった。

その視点から見ると腑に落ちないことがたくさんある。

簡単に勝てたはずなのに、朝鮮戦争にマッカーサーは勝たせてもらえなかった。

マッカーサーはそういう裏事情を何も知らずに司令官になって戦ったのです。最初はよかったけれども中共の義勇軍が入ってきて一進一退となった。

当時の国防長官がジョージ・マーシャル。彼は戦後の国共内戦の時に、勝利を収めつつあった蔣介石に対し停戦を命じて毛沢東政権の樹立に貢献した人物で、つまり親中派です。マッカーサーはアメリカに足を引っ張られた。負けるような戦争指導を受け入れざるを得なかったのです。

——それはアメリカ軍主体の国連軍がアメリカにハシゴを外されたということですか？

そのとおりです。それはマッカーサーの回顧録から知ることができます。そこには「自分は勝たせてもらえなかった。自分がワシントンに作戦のおうかがいを立てたら、重要な作戦は全部拒否された」とある。

マッカーサーは中国と北朝鮮の国境に流れる河川である鴨緑江に架かる橋を爆撃する作戦を提案しました。そこから敵が入ってくるのだから当然です。

しかしアメリカ当局の答えはノー。「イギリスと協議した結果、ノーだ」と。後に彼は「ワシントンには国際的な力が働いている」と言っているのですが、これはつまり、イギリスのシティのことでしょう。

しかし、日本の教科書はそれを書かない。ＧＨＱの統治についてのみ関心があるかのようです。それしか言及できないのかもしれませんが。

――東西冷戦が八百長というのは、ソ連がアメリカに対抗できる大国ではなかったということでしょうか。

第二次世界大戦が終わったときに、もうソ連はアメリカの援助がなければやっていけない国でした。だから、アメリカは陰ながら援助し、技術は盗ませ、それで超大国という虚構をつくり上げたと見ています。

拮抗する敵が存在しないとアメリカは軍備を増やせないため、いかにも米ソが対立しているかのような構造をつくった。それがバレそうになったのがキューバ危機です。ケネディ大統領はそのキューバ危機の後、米ソ関係の改善に取り組みますが、暗殺されたのは、それをやられたら困るＤＳの意思が働いたと考えられます。もちろん、ほかにも理由はありますが、それは別項で言及したいと思います。

テキサスのダラス市で、白昼堂々とケネディ大統領は暗殺されたわけですが、これはＣＩＡやＦＢＩを抱き込まないと不可能です。当時のニュースで教えられたような、ハーヴェイ・オズワルドの単独犯でないことは明確です。

当時の映像を見れば確認できるんですが、銃弾は一カ所ではなく、数カ所から撃たれている。単独犯であるはずがない。しかもそのオズワルドは警察署内で射殺されてしまった。

ケネディ暗殺事件の真相は、２０３９年に公開されるウォーレン報告書で明白になるのですが、報告書が作成されたのが１９６４年、それから75年後にしか公表できないということです。そのときにはもう当事者は誰も生きていません。

後に彼らの意図を暴いたのが、当時アメリカと対峙させられていたソ連のアンドレイ・グロムイコ外務大臣です。１９６３年、ケネディはホワイトハウスでグロムイコと会談をしているのですが、その様子がグロムイコの回想録に記されているのです。ホワイトハウスのバルコニーで、たまたま二人きりで話す機会があった、と。

そのときにケネディは、「米ソ関係の改善をしようと考えているけれど、反対する勢力がアメリカにふたつある。ひとつは反共勢力だ。これはどこの国でもいる、と。

もうひとつは、ある特定の民族だ」と語ったそうです。ケネディはそこまでしか言っていません。しかし、それにグロムイコが註をつけて、「ユダヤ・ロビーのことを指す」と記しているのです。さらにケネディは、「彼らは米ソ関係の改善を阻止する効果的な手段を持っている」とまでグロムイコに語った。

グロムイコはケネディ暗殺の一報を聞いて回顧録にこう書き残しています。「自分は暗殺の報を聞いたときに、なぜかわからないが、あのバルコニーでの会話が思い出された」と。

新しい神聖同盟

——天皇陛下御訪英の歓迎式典の様子を観ますと、馬車での移動中もチャールズ国王は天皇陛下と談笑されてとても嬉しそうなご様子でした。

公式の晩餐会でチャールズ国王は天皇陛下に対し日本語で「おかえりなさい」とおっしゃった。これはどういう意味でしょうか。「よくいらっしゃいました」ではなく、

「おかえりなさい」です。

なぜ「おかえりなさい」なのか。

私たちはそういう明確な情報を与えられているのに、それをあえて解釈しない。もちろんメディアもその意味を解釈していません。「チャールズ国王が日本語で挨拶された」ということには言及しますが。

それは天皇陛下が「本来来るべきところにいらっしゃいました」ということです。どういうところでそれがはっきりしたか。それも公開情報でわかるのです。

天皇陛下とチャールズ国王は、日英の最高勲章「大勲位菊花章頸飾」と「ガーター勲章」を贈りあいました。しかし、メディアはガーター勲章が何かというのは詳しく説明しない。天皇陛下はイギリスからすごい勲章を贈られた、めでたしめでたし――という感じですね。

現存、ガーター勲章の外国人保持者は世界に9人しかいないのです。世界でガーター勲章を贈られているのはヨーロッパの王室と日本の皇室（上皇陛下と天皇陛下）のみです。

そこで私たちは自分の頭で「おかえりなさい」を読み解く必要がある。これが何を意味しているのか。
天皇陛下は、いわゆる「ガーター勲章同盟」のヘッドになられた、私はそう解釈します。

――だから「おかえりなさい」なのですね。「もともと座るべき場所にようこそおかえりくださいました」というお気持ちが表れていたと。

そういうことです。いまチャールズ国王は癌を患っておられますし、後から決まったとはいえイギリス国内では総選挙を控え内政でバタバタしてるときに「来ていただきたい」と天皇陛下をお呼びになったわけですが、映像で観る限りチャールズ国王はお元気そうでしたね。その振る舞いはとても75歳で癌を患っているようには見えなかった。まさにそこに天皇陛下の御訪英の目的があったと、自然に解釈できるのではないかと思います。
ちなみにガーター勲章を保持している日本の皇室以外の外国人はヨーロッパの君主です。

デンマーク　前女王マルグレーテ
スウェーデン　国王カール16世グスタフ
スペイン　前国王フアン・カルロス1世
スペイン　国王フェリペ6世
オランダ　前女王ベアトリクス
オランダ　国王ウィレム＝アレクサンダー
ノルウェー　国王ハーラル5世

そこに日本の上皇陛下と天皇陛下が加わっておられるのです。
日本の場合は明治天皇から5代続けてガーター勲章を授与されています。ヨーロッパの君主は理解できますが、なぜ、アジア圏の日本の天皇陛下にガーター勲章が授与されるのでしょうか。ヨーロッパ以外では日本だけなのです。

――日本の皇室とヨーロッパの王室には何か関係があるのでしょうか？

常識的に考えれば、そう思うはずです。たとえ皇室であろうと遠く離れた国で、人種的にも文化的にも違う国の君主にガーター勲章を授与するということは普通は考えられないわけです。何か関係があるから5代にわたって授与されているはずなのです。仲間だから授与されたと考えるのが常識にかなっていると思いますが、ではなぜイギリスから見て日本は仲間なのか。

それは晩餐会におけるチャールズ国王のスピーチに流れていた精神と天皇陛下のお言葉の中に見出すことができます。

【晩餐会におけるチャールズ国王のスピーチ】

天皇皇后両陛下

こよい、両陛下をバッキンガム宮殿にお迎えできることを、私と妻は大変うれしく思っております。英国に「お帰りなさい」。

両陛下、私たちの間には、深い絆で結ばれたパートナーシップがあります。400年以上にわたり、日英両国は互いに刺激を与え合い、互いの経験から学び、いろいろな要素を取り入れたり共有したりしながら、産業や、食や、文化を豊かにしてきました。私たちの趣味ですら共通のルーツがあります。19世紀後半、ウォルター・ウェストンをはじめとする英国人の登山家たちが、日本で目にした風景に魅了され、日本においてレクリエーション登山を広めるきっかけを作りました。山登りを愛する気持ちは今や多くの日本と英国の国民の皆さんが共有しており、とりわけ個人レベルで言えば、陛下と私自身に当てはまりますね！

日英両国のパートナーシップの核心にあるのは、深い友情です。それは、歴史の教訓、とりわけ暗い時代の教訓から生まれた、国際ルールと制度の重要性に対する相互理解に基づくものです。今日、私たちはこれらの原則がかつてないほど問われる世界に直面しています。私たちが共有している自由、民主主義、法の支配という普遍的価値観が今ほど重要になったことはありません。

日英両国のパートナーシップは、また、絶えず成長し、花開き、新たな芽や枝を伸ばし続けていくものでもあります。私たちは諸外国とは異なる絆を共有しています。どちらも島国である日英両国は、協力と技術革新の力によって、社会のための新たな解決策の創造や適応する能力を進歩のよりどころとしてきました。実際、日英両国の国民は、伝統と革新がどのように結び合いながら強化され、我々の目指す未来について理解を共有していると思います。

このことで思い出すのは、１９７０年に初めて日本を訪れ、大阪で日本初の万国博覧会を見学した時のことです。当時21歳だった私は、そこで目にした技術革新の数々から、東西文明それぞれの伝統を融合し、すべての人々のために科学技術を進歩させていくことの力について強い印象を受けました。

〈中略〉

現在、いまだかつてないほど大勢の若者が、日英両国にある世界一流の教育機関において学び、働き、生活しています。天皇皇后両陛下をはじめとして、皇族の多くの方々が英国の大学を留学先に選ばれてきたことを大変光栄に感じております。天皇陛下は、オックスフォード大学に留学した時のご経験を素晴らしい回想録に書き残されており、また、私自身もオペラ鑑賞や、フライフィッシングをご一緒しましたのでよく覚えておりますが、このように海外で過ごすという機会は、生涯にわたる友情と思い出を育みます。ところで、フィッシングについて言うと、残念ながら、最近はあまり成果が上がっていないとご報告しなければなりません。あのポケモンの名セリフ、「全部ゲットだぜ！」は、私の孫たちにはぴったりくるかもしれませんが、私自身にはちょっと高望みかもしれませんね。

両陛下、1613年に徳川家康公は、私の先祖であるジェームズ1世にこう書き送りました。「雲と潮により何千里も隔てられてはいても、我々の領土はまるで互いに近接しているかのようです」と。あれから400年以上たった今でも、この思いは私たちの友情の中心に生き続けています。

このように敬愛と希望をもって、私は天皇皇后両陛下と、日本国民の皆さんに、そしてこれからの日英関係の新たな４００年のために乾杯をささげます。カンパイ！

（２０２３年６月26日／時事ドットコムニュース）

天皇陛下も、両国の王室と皇室の絆、両国の政府の絆、両国民の絆に言及されておられます。

【晩餐会における天皇陛下のスピーチ】

国王王妃両陛下

温かい歓迎のお言葉を頂き、ありがとうございます。この度は、私と皇后を国賓としてお招きくださり、訪問の実現に向けて国王王妃両陛下を始め貴国の皆様から多大なる御配慮と御尽力を頂いたことに、心から御礼申し上げます。敬愛する故エリザベス2世女王陛下に御招待を頂いてから、新型コロナウイルス感染症の影響を受け、こうして約5年の月日を経て国賓として英国の地を訪れることができましたことは、誠に喜びに堪えません。

先ほど、国王陛下は、長きにわたる二国間の絆に触れられました。本日の午後には王室コレクションのわが国ゆかりの品を拝見し、改めて日本と英国の間で長きにわたり織りなされた交流の歴史を振り返ることができました。私自身、英国で学び、多くの人々と関わり合い、中でも王室の皆様には大変温かく接していただくなど、両国の交流の一端を担ってきたことを嬉しく、また、有り難く思っています。日英両国には、友好関係が損なわれた悲しむべき時期がありましたが、苦難のときを経た後に、私の祖父や父が女王陛下にお招きいただき天皇としてこの地を訪れた際の想いがいかばかりであったかと感慨深く思います。そして、計り知れぬ努力をもって、両国の未来の友好のために力を尽くしてこられた人々に、皇后と共に深い敬意と感謝の念を表します。

私の祖父は、1971年の晩餐会で、日英両国の各界の人々がますます頻繁に親しく接触し、心を開いて話し合うことを切に希望し、また、私の父は、1998年に同じ晩餐会で、日英両国民が、真にお互いを理解し合う努力を続け、今後の世界の平和と繁栄のために、手を携えて貢献していくことを切に念願しておりました。

現在、我々の社会は、ますます多様化・複雑化し、地球規模の各種課題に直面しており、世界全体で一層英知を結集しこれらの重要課題の解決に努める必要があります。そのような中、日英両国民の長年にわたる心を開いた話合いと真の相互理解への努力が実を結び、両国が連携・協力して世界を牽引している分野が、これまでも、またこれからも数多あるということを大変嬉しく思います。

〈中略〉

最新鋭の技術を駆使したパフォーマンス・ラボラトリーの視察など、王立音楽大学を再び訪問することも楽しみにしています。また、皇后と共にV&A（ヴィクトリア&アルバート）子ども博物館を訪問し、日英の子供たちと交流して、両国の文化や芸術が、国や時代の枠を超えて子供たちにどのようなインスピレーションを与えているのか、直に感じられればと思います。さらには、皇后と私が留学し、一学生として英国の生活・文化を経験したオックスフォードの地を訪れ、国王陛下の母校のケンブリッジ大学ではありませんが、日英間の学術・研究・教育分野での協力や若い世代の交流の促進に少しでも貢献できればと考えています。日英関係は、長い年月をかけ世代を超えた人々の交流を通じて育まれてきました。今回の英国訪問を通じて、両国の友好親善関係が、次代を担う若者や子供たちに着実に引き継がれ、一層進化していく一助となれば幸いです。

我々の時代においては、国王陛下からも言及があったとおり、政治・外交、経済、文化・芸術、科学技術、教育など、実に様々な分野で日英間の重層的な連携・交流が加速しており、日英関係はかつてなく強固に発展しています。裾野が広がる雄大な山を、先人が踏み固めた道を頼りに、感謝と尊敬の念と誇りを胸に、更に高みに登る機会を得ている我々は幸運と言えるでしょう。今後とも日英両国がかけがえのない友人として、人々の交流を通じて真にお互いを理解し合う努力を弛みなく続け、永続的な友好親善と協力関係を築いていくことを心から願っています。

ここに杯を挙げ、国王王妃両陛下の御健勝と、日英関係の更なる発展と世界への貢献、そして両国国民の末永い幸せを祈ります。

（２０２３年６月26日／時事ドットコムニュース）

おふたりのスピーチを読めば、イギリスと日本を結びつけるのは心の絆、この訪問のためにつくり出した絆ではなく自然の絆ということがわかります。

チャールズ国王によれば、この絆は４００年前から始まっているとのこと。つまり徳川時代から始まっている。明治維新の頃の日英関係は政治的にさまざまな問題がありましたが、それを超えて４００年の絆の歴史があるということをチャールズ国王は強調された。それに応えて天皇陛下も心の絆ということを何度も強調されました。

私には「これからの世界は心が中心になる」ということを言外におっしゃっているように聞こえてならなかった。これは日英が世界に発するメッセージだったと思います。

――これから始まる心の時代の象徴が日英関係ということでしょうか？

そのとおりです。私たちにとっても、これからは物質ではなく心の時代だということです。このメッセージを政治的に解釈すると、新たな神聖同盟の形成と思わざるを得ません。

――神聖同盟は１８１５年に成立したヨーロッパ君主国の同盟ですが、新たな神聖同盟とはどのような同盟なのでしょうか？

神聖同盟という言葉は、教科書的に言えばウィーン会議ですね。ナポレオン戦争の後始末をするための会議です。重要なのはウィーン会議の主役は誰だったか。

主役のひとりはナポレオン戦争の結果の情報をいちはやく入手して一夜にしてヨーロッパいちの富豪になったイギリスのロスチャイルド家。

もうひとりの主役はナポレオンを打ち負かしたロシアの皇帝アレクサンドル1世。

神聖同盟を提唱したのがアレクサンドル1世です。つまりウィーン会議に集まっていた国家の君主が同盟を結ぶことで、これからの戦争を抑止するというもの。アレクサンドル1世には、戦争というものは宗教心のない人が起こすものという考え方がありました。

神聖同盟にはオーストリア皇帝フランツ1世、プロイセン王フリードリヒ＝ウィルヘルム3世が署名。当初はロシア、オーストリア、プロイセンの三国だけでしたが、ヨーロッパの君主国が次々と加盟しました。

神聖同盟はキリスト教国の同盟ゆえに、ユダヤ教徒であるロスチャイルド家とは正面から衝突することになりました。国家の通貨発行権を奪い、それを武器に世界を物質的に支配してきたのがロスチャイルド家を筆頭とするＤＳです。

神聖同盟に参加したロシア、オーストリア、プロイセンは革命と戦争で君主制が廃止された――それ以降、衝突は今日まで続いていると言えるのです。

私が言う「新しい神聖同盟」はガーター勲章を授与された国が軍事同盟を結ぶということではありません。先に述べたように「心の同盟」なのです。

世界は今までの物質中心の世界から精神中心の世界に移行しようしている。ハマス戦争やトランプ大統領暗殺未遂のような事件が起こるのも、その移行過程にあるからだと思います。

第三章

中東の次は東アジア

ネタニヤフ首相の裏切り

２０２４年７月、イスラエルのベンヤミン・ネタニヤフ首相はアメリカを訪れ、トランプ大統領とも会談しました。


　イスラエルのベンヤミン・ネタニヤフ首相は米国時間7月24日の米国連邦議会での演説後、25日にジョー・バイデン大統領とカマラ・ハリス副大統領、26日にドナルド・トランプ前大統領とそれぞれ会談した。

〈中略〉

　ネタニヤフ首相とトランプ前大統領の会談は、7月26日にトランプ氏のフロリダの邸宅「マール・ア・ラーゴ」で行われた。会談の内容は公式には発表されていないが、「タイムズ・オブ・イスラエル」紙（7月26日）によると、トランプ氏は「（ハリス副大統領は）イスラエルに対して失礼だった」と指摘した。トランプ氏はガザでの戦争について言及し、「もしわれわれが勝てば、物事は非常にシンプルだ。全てはすぐに解決するだろう。もし勝てなければ、中東で大規模な戦争が起こり、第三次世界大戦になるかもしれない」と語った。（2024年7月29日／ジェトロビジネス短信）

そもそも、トランプ大統領はネタニヤフ首相とソリが合わないのです。かつてネタニヤフ首相はトランプ大統領を裏切っていますしね。

――ネタニヤフ首相はどのような裏切りをしたのでしょうか？

2020年1月3日、アメリカはイラン革命防衛隊の最も肝心な司令官だったガーゼム・ソレイマーニーを米軍が無人攻撃機を使って殺害しました。共同で作戦計画を立案していたイスラエルが実行前日になって不参加に転じた。ネタニヤフ首相がそれに反対したのです。つまり、直前で降りたのです。

トランプ大統領は、ハマスによるイスラエル攻撃（2023年10月7日）のすぐ後にそのことを世界に知らしめました。つまり、ネタニヤフはDS側の人間ということを暴露したのです。

トランプ前米大統領は11日、2020年1月にイラン革命防衛隊で対外活動を担う「コッズ部隊」のソレイマニ司令官（当時）を無人機攻撃で殺害した際、共同で作戦計画を立案していたイスラエルが実行前日になって不参加に転じたとの「裏話」を披露した。真偽は不明だが、トランプ氏はイスラエルのネタニヤフ首相（当時も在任）に「失望させられた」と批判した。

（2023年10月13日／毎日新聞）

米軍によるイラン革命防衛隊司令官ガーゼム・ソレイマーニー殺害を振り返ってみましょう。当時、メディアは「イランとアメリカの戦争が始まる」と危機を煽りましたが、そうはならなかった。

ソレイマーニー司令官はイラクで殺されたので、イランはイラクに駐在していたアメリカ軍の基地を叩きましたが、人的被害が及ばないように、その軍事基地をかすめるような反撃しかしなかった。

その様子を見たらわかるのです。

イランの最高指導者アリー・ハーメネイー師（以下、ハメネイ師）はアメリカに感謝している――と推察しました。私の見立てでは、トランプ大統領はハメネイ師のためにソレイマーニー司令官を排除した。

トランプ大統領は当時、イランを「叩く」と公言していた。イランがアメリカの最新鋭無人偵察機グローバルホークを撃墜したからです。ところが、直前になってやめた。私にはなぜやめたのかが腑に落ちなかったので、いろいろ考えてみました。

ハメネイ師はいわゆる宗教的指導者であり、実質的にはイランの最高権力者です。ハメネイ師が知らないうちに、ソレイマーニー司令官が実行したということをトランプ大統領はつかんだはず。ハメネイ師の指示ではない事案でイランに対して攻撃すれば、ハメネイ師の顔をつぶす、ということではないかと。

私がなぜそう考えるのかというと、同じようなことが２０１５年に起きたからです。

――イランによるアメリカのグローバルホーク撃墜と同じような事件とは、どのような事件でしょうか？

2015年11月24日、舞台はシリア上空です。

ISIS（イスラム国）掃討作戦に参加していたロシアの軍用機が、トルコ軍機によって撃墜された。しかも、トルコ上空ではなく、「シリアの上空で」です。トルコの領土はほんの数kmですが、一部がシリアに入り込んでいる。そこをロシア軍機が侵犯したというのが理由でした。そんなことは故意にやっているのではないので普通は撃墜する理由にはならない。

ところが、撃墜してしまった。トルコのレジェップ・タイイップ・エルドアン大統領はしどろもどろの記者会見をしていました。

プーチン大統領はエルドアンを追い詰めなかった。エルドアン大統領の認知しないところで、だれかがやった――そうわかっていたのでしょう。その後、半年余りでだれがやったか、判明したのです。

トルコの空軍の中にいた反エルドアン分子の空軍パイロット。つまり、ネオコンの工作員の犯行でした。そのパイロットは、未遂で終わった反エルドアン・クーデターの仲間だったのです。

――つまり、アメリカの無人機が撃墜されても、トランプ大統領がイランに反撃しなかった理由も同じということ。

そうです。ソレイマーニー司令官が独走したからだ――とトランプ大統領はわかったのです。つまり、ソレイマーニー司令官はハメネイ師のコントロール下で動いているのではない。DSのエージェントだとわかったんでしょう。だから、ハメネイ師のためにソレイマーニー司令官の殺害作戦を実行した。

既存メディアはイランが「参戦する、参戦する」と煽りますが、私はイランの参戦はないと考えています。そのハメネイ師が、イスラエルを攻撃するはずがないというのが、いまのところ私の見立てです。本来イランはイスラエルとの戦争を望んでいないという面があります。しかし、これをなんとか「戦争させたい」という勢力がいる。

既存メディア、日本のメディアもそうですが、「イランの核武装で悪夢のシナリオ」とか、そんなプロパガンダを流している。ハマスの攻撃とイランの核武装とは直接には連動していないのです。

なぜならすでにイランは核武装に向けてウランの濃縮をしていますから――。ここは混同せずに冷静にウオッチすべきですね。

ちなみにイラン革命防衛隊ですが、日本のメディア、世界のメディアは誤解しています。あえて誤解しているのかもしれませんが――。イラン革命防衛隊はイランの最高指導者とイラン革命を守る存在と言われますが、まったく違います。最高指導者ハメネイ師の目付け役なのです。

――ヘリコプター事故で死亡した故イブラーヒーム・ライーシー大統領の後任を決める第14期イラン大統領選挙の決選投票が2024年7月5日に行われました。既存メディアは改革派のマースード・ペゼシュキヤーン氏が勝ったと盛り上がっています。

しかしイランにおいては、大統領が改革派であろうと保守派であろうとほとんど意味がないのです。

――なぜ意味がないのでしょうか？

イランにおいて大統領というのは単なる行政府のトップにすぎないのです。カギを握っているのは最高指導者ハメネイ師です。それに反旗を翻しているのがイラン革命防衛隊ということです。

そして、ネタニヤフ首相もハメネイ師側ではなくイラン革命防衛隊側。この力関係を理解しないとイランとイスラエルの関係を説明できないのです。

ハマス戦争とヨム・キプール戦争

２０２３年10月7日、パレスチナ自治区ガザを実効支配するイスラム組織「ハマス」がイスラエルへ向けて大規模なロケット攻撃を開始し、イスラエル軍が報復として空爆を開始しました。

ハマスはなぜ突然、イスラエルを攻撃したのか。この紛争の報を聞いて私は50年前のことを思い出したのです。

――歴史は繰り返すということでしょうか？

まさにそうです。1973年の10月6日、ユダヤ教徒にとっては1年間で最も重要なヨム・キプールの日（贖罪の日）に突然、エジプトとシリアがイスラエルを攻撃しました。

私もイスラエルのヨム・キプールを3回ほど経験しましたが、街にはだれもいなくなります。とにかく仕事をしてはいけない日なのです。通りにもだれもいなくなる。

この紛争は「ヨム・キプール戦争（第四次中東戦争）」と言われています。

エジプトとシリアはなぜ突然、イスラエルを攻撃したのか。それに対して、イスラエルは「知らなかった」ということになっています。不意打ちを食らった、と。

エジプトとシリアの連合軍は初戦ではイスラエルに勝利していました。その後、イスラエルも奮闘して少し巻き返し、そこで停戦になりました。

事実上、アラブが初めてイスラエルに勝利したのです。エジプトはもとより、シリアもジュニアパートナーとしてその恩恵にあずかれた。軍事衝突は終わりましたが、それだけなら別にここで取り上げる問題ではありません。

それから数年後に、私はヘンリー・キッシンジャーの回顧録を手に取りました。その回顧録にはヨム・キプール戦争の項もあり、そこを読んで私は腑に落ちたのです。

つまり、「ああ、ヨム・キプール戦争の謎がわかった」と。

キッシンジャーは回顧録の中で「自分は情勢判断を誤った」と、しおらしい反省をしています。

当時、エジプトにいたソ連の軍人やその家族がエジプトから退避しました。キッシンジャーはその情報をつかんでいた。キッシンジャーは「しかし、考えてみれば、ソ連はアメリカに対してひとこと、イスラエルを抑えてくれと言えばいいだけの話だった」と書いているのです。

それはどういうことか。つまり、ソ連の軍人やその家族が退避したのは、エジプト側がイスラエルを攻撃することを知っていたからです。

そうならばキッシンジャーは「判断を間違う」はずがない。アサドもイスラエル政府もアメリカのＣＩＡも、そういう情報は正確につかんでいたはずだからです。しかし、あえてそれに対処しなかった。それはアメリカがエジプトとシリアに攻撃させたということ。今回のハマスの攻撃と状況は似ています。

なぜわざわざエジプト、シリアにイスラエルを奇襲攻撃させたのか、その答えが出てきたんです。

――ヨム・キプール戦争の謎の答えは何だったのでしょうか？

1979年にエジプトはイスラエルを国家承認しました。アラブの国で初めてイスラエルと国交を開いたのがエジプトだった。これで皆さんも、ハマスの奇襲に対する見方が固まってきたのではないでしょうか。

イスラエルがアラブの盟主であるエジプトと国交を樹立したことで、イスラエルの安全が格段に高まったわけです。要するに、イスラエルの安全を高めるためのシナリオだった。

第一次中東戦争、第二次中東戦争、第三次中東戦争と全部、アラブは負けていたのです。そういう状況でヨム・キプール戦争こと第四次中東戦争をイスラエルが勝ったとしても、イスラエルの安全には貢献しなかったということです。

イスラエルはヨム・キプール戦争で負けたからこそ安全が高まった。エジプトに奇襲攻撃をさせて面子を立てたという高等戦術です。一見すると皮肉な、逆のような状況になりましたが、実はそういうシナリオをキッシンジャーが書いたということです。

ゆえに、自分が書いたということを気づかれないために、「わざわざ自分は間違っていた」という下手な弁解をした——そう読み解けるのです。


つまり、今回のハマスの奇襲をイスラエル側はおそらく知っていたのでしょう。わざと奇襲させたのです。普通に考えても、そこまでの発想は出てくると思います。アサドもイスラエル政府もアメリカCIAも、今回も奇襲の情報はつかんでいたはず。つかんでいたけれども、50年前と同様に、あえて対処しなかった。

これから関係者が集まって、時間をかけて解決策はいろいろ議論されるでしょう。イスラエルの安全を高めるような解決策になるはずです。そうでなければ、わざわざこれだけの犠牲を払った意味がなくなる。

問題はイスラエルの安全保障を強化する解決策とは何かということです。

私が考えるにそれは「パレスチナ国家の承認」です。こう言うと、多くの人は逆のように思うはずです。ネタニヤフ首相は、いままさにパレスチナを倒すために戦争をやっている——と。半分はそのとおりです。

イスラエルは、ウクライナ戦争で中立の立場をとっています。ロシア制裁に参加していませんし、ウクライナ支援もしていないのです。

イスラエルとロシアの関係は悪くない。ロシアにいたユダヤ系の人がかなりイスラエルに移住していますしね。プーチン大統領もそれは十分心得ています。

イスラエルの正体

私はイスラエルに勤務していたこともあり、イスラエルに住む人たちはどんな人たちなのかと聞かれることが多々あります。いまのイスラエル国家の中には、ユダヤ系で言えばセム族出身の方、そしてアシュケナージと呼ばれる方がおられます。

旧約聖書の創世記の話ですが、アブラハムという預言者が登場します。アブラハムはユダヤ教においては、すべてのユダヤ人の祖であり、イスラム教においてはすべてのアラブ人の祖なのです。アブラハムと正妻サラの息子イサクがユダヤ人の系譜で、アブラハムと第二妻ハガルの間に生まれたイシュマエルがアラブ人の系譜となっています。アラブの方とセム族の方は、私では顔の見分けがつきません。

私はセム族のイスラエル人を「ナショナル・ユダヤ」と称することがありますが、これはイスラエルという国を大切にしている人たちという意味です。

現在のイスラエルのネタニヤフ首相は「グローバル・ユダヤ」の方です。グローバル・ユダヤというのは、すべてがそうではありませんが、基本的に白人のアシュケナージです。セム系、つまり有色人種ではありません。

アシュケナージという名前は旧約聖書に登場します。旧約聖書の創世記「ノアの方舟」の物語に登場するノアにはセム、ハム、ヤペテという3人の息子がいました。

セムがいわゆるユダヤ人やアラブ人の祖先です。ハムは黒人の祖先。ヤペテは白人の祖先とされています。旧約聖書にはヤペテの系図も載っています。その中に、アシュケナージという人が出てくるのです。

いまイスラエルで実権を握っているのは、セム族のユダヤ人ではなくて白人のアシュケナージということです。

簡単に言うと、ナショナル・ユダヤはイスラエル国家を大切にする。それはまさに彼らのホームであるからです。グローバル・ユダヤは世界に散らばっています。いわゆるディアスポラ・ユダヤです。そのほとんどはアシュケナージなのです。それがいまの戦いの根本にある問題です。

そして、ナショナル・ユダヤ、イスラエル国家の安全を強化しようしたのがトランプ大統領でした。それはセム族のイスラエル国家をつくることではないかと私は推察します。いまの戦いの背景にあるのはナショナル・ユダヤ対グローバル・ユダヤだとも言えるのです。

――今回のハマスの件も含めて、バルフォア宣言、イスラエルの建国そのものが、パレスチナ紛争のもととなっていると考えることもできますか?

昔の帝国主義者が彼らの利益のためにどのようにして地球を分割してきたか――。今回のハマスの問題にしても、そこから説き起こしている方が少なくありません。それは遠からずといえども当たらずなんです。

なぜなら、それは「ハマスがなぜ奇襲したか」の答えにはならないからです。バルフォア宣言は第一次世界大戦末期の1917年11月、イギリスがユダヤ人にパレスチナ国家建設を認めた宣言です。イギリス外相アーサー・バルフォアからロンドンのウォルター＝ロスチャイルドへの書簡として出されました。

それ以前にアラブ人の独立を認めたフセイン・マクマホン協定、フランスなどとのオスマン帝国領分割を密約したサイクス・ピコ協定と矛盾するのでパレスチナ問題の原因となったという説明にはなります。

ただ、今回のハマスの攻撃は、バルフォア宣言があったから起こったことではないのです。因縁を問うならば、そもそもアブラハムの昔まで遡らなければなりません。それにハマスが信仰しているというイスラム教はユダヤ教の宗教改革で生まれた宗教です。

イスラム教のコーランは私もかじった程度ですが、読んでみるとイスラム教徒はアブラハムの昔に帰るべきだと言っています。すべてのアラブ人の系譜上の祖はアブラハムということになっています。彼こそ最もすぐれた一神教徒だ、と。

現にパレスチナでイスラム教徒とユダヤ教徒は共存していたんです。彼ら自身はとくに対立していない。オスマントルコが敗れたがゆえに、イギリスの後押しを受けて、アシュケナージが入植してきた。そこから悲劇が始まるのです。

イスラエル建国が重要なのは、そのとおりだと思いますが、イスラエル建国の歴史はそう簡単ではないんです。

たとえば、なぜバルフォア宣言が出されたのかというと、アメリカを第一次世界大戦に参戦させるためのひとつの方便だったという側面もあります。

それはどういうことか。

パレスチナの地にイギリスがナショナルホームをつくると約束すれば、イギリス側に立って第一次世界大戦にアメリカを参戦させると、アメリカのユダヤ系の人がそういう工作をした。それがバルフォア宣言になって表れてくる。

その工作をしたのは、有名なところではバーナード・バルーク、ジェイコブ・シフ。それから、ポール・ウォーバーグ、ルイス・ブランダイスという歴史教科書の中には出てこないような人たちです。ルイス・ブランダイスは当時のアメリカの最高裁判所の最初のユダヤ系の判事です。

ただ、今回のハマス戦争に限って言うと、これは歴史が繰り返していると言えます。

その視点から見て、グローバル・ユダヤとナショナル・ユダヤの戦いということです。ネタニヤフ首相の下ではイスラエル国家の安全は保障されない。そういう背景から、今回のハマスの攻撃を読み解く必要があるというのが私の考えです。

――現在のイスラエル建国の経緯や国家の正統性について、日本人には理解しがたい気がします。

たとえば日本の建国の正統性はあるんですかと問われたら、どう答えますか。

――日本人は昔から日本列島に住んできました。

きっとイスラエルのユダヤ人も同じ答えを言うと思います。国に正当性があるかどうかというのは、外野から言える話ではないのです。正統性があるとか、ないとかいうのは、だれが判断するのかということになる。そうすると、「歴史が判断する」となるわけです。

100年前にはイスラエル国は存在しなかったというのは、そのとおりです。でも、2000年前には存在していた。

――イスラエルの建国の歴史を遡るならば、モーセの出エジプトまで遡らなければいけないということですね。

「ここは神にもらった土地だ」と言われたら、それに対して反論しても、宗教的な信念なので議論は平行線をたどる。

私がイスラエルにいたときに、ADL（アンチ・デファメーション・リーグ／米国最大のユダヤ人団体）の支局長がいて親しく話すことができました。

当時、イスラエルとアラブの間で共存を目指すオスロ合意がなされました。彼は「それを支持している」と率直に語ってくれました。しかし、「パレスチナ側のテロがやまないので、自分としてはどうしたらいいのか迷っている」と。

私は「それは私にとって非常に勇気づけられる話です」と彼に伝えました。つまり、「あなたのような考え方を持つ人がおられるということは、ユダヤとアラブとの共存を願う私にとって非常にいいニュースです」と。

続けて「ところで、東洋には転生輪廻という発想がある。いまあなたはユダヤ人でも、かつてはパレスチナ人だったかもしれないのです。それが東洋の知恵です」という話をしたのです。

彼はとたんに顔色が元気になって、「I'm inspired.」と言ったのです。目が開かれたと言うのです。ユダヤ人というのは一神教徒でかちかちだと思われるかもしれませんが、転生輪廻がわかる人がいるのです。

そう考えると、われわれはなかなか歴史を断定できない。一方的な判断をするには、まだまだわれわれの知識の範囲内ではできかねる状況にある。ということを知っているだけでも、見方が広がると思います。

私がイスラエルにいるとき、いったいユダヤ教の教えの神髄は何なのかを知りたくて、いろいろな学者やユダヤ教を解釈するラビという法学者の人たち数人に聞いて回りました。しかし、納得できる答えはもらえなかった。

ところが、ユダヤ教に関する本を読んでいたら答えが出てきたのです。

２０００年前にも私と同じように「ユダヤ教の教えの神髄は何なのか」という質問

をして回った人がいて、それにラビのアキバ・ベン・ヨセフさんが答えて「それはあなた自身を愛するごとく、あなたの隣人を愛することだ」と。

それを読んで私はそのとおりだと思いました。これは自分を愛せなければ、隣人を愛せないということであり、転じて自分を愛せれば他人を愛することができる。つまり、私と隣人は同じということなのです。

旧約聖書のレビ記19章18節に出てくるので、お読みになるといいと思います。

しかし、話はそれで終わらないのです。

それから数年後にイスラム教の指導者に会う機会がありました。アメリカ人のイスラム教徒でおもしろい経歴の人です。私は「イスラム教の教えの神髄は何ですか」と訊ねてみたのです。その人いわく、「あなた自身を愛するごとく、隣人を愛しなさい。これがイスラム教の神髄だ」と言うのです。「それは、ユダヤ教の神髄と同じです」と、私は手を挙げて話したのです。

結局、それは単にユダヤ教やイスラム教だけでなく、神道や仏教も含めてすべてに通用することです。たとえばお釈迦さんがおっしゃったという「天上天下唯我独尊」も、そのことを言っているわけです。世の中に私しかいないということは、私もあなたも同じ宇宙の生命を宿しているということです。そうすると、一神教の価値観で生きていても、日本のようないわゆる多神教の価値観を生きていても、共通の宗教的感情があるということです。

そういう意味で、私は世界の将来に希望を持っています。

グローバル・ユダヤとナショナル・ユダヤの戦いの行方

前項でイスラエルをめぐり、ナショナル・ユダヤ勢力とグローバル・ユダヤ勢力が火花を散らして向き合っているという話をしましたが、私はナショナル・ユダヤが勝つだろうと思っています。おそらくいまイスラエル政府の中でも権力闘争が行われている。ナショナル・ユダヤが勝ったらどうなるのか。結局、パレスチナを国家承認することになる。

繰り返しになりますが、イスラエルの安全保障という視点から見ると、パレスチナを国家承認すればイスラエルの安全保障は強化されます。まさに中東和平が実現する。

２０２０年８月、いわゆる「アブラハム合意（アラブ首長国連邦とイスラエル国間における平和条約及び国交正常化）」が締結されました。イスラエルとアラブ首長国連邦とバーレーンが国交を樹立したのです。このようにしてイスラエルの安全を高めていったのがトランプ大統領なのです。

少し遡りますが、2018年8月31日、トランプ大統領はパレスチナ難民に対する無意味な支援をやめさせています。

トランプ大統領は、まず、UNRWA（国連パレスチナ難民救済事業機関）に対する支援を停止、さらにパレスチナ暫定自治政府に直接提供する予定だった経済援助の2億ドル、東エルサレムにあるパレスチナの医療機関の支援に充てられる2500万ドルの拠出を事実上停止、首都ワシントンにあるPLO・パレスチナ解放機構の代表部を閉鎖しました。

当時の日本のメディアはこれを叩きまくりましたから、覚えている方も多いでしょう。

ではトランプ政権が資金の拠出を停止したUNRWAは何をやっているのか。事実上「パレスチナ難民を働かせない」ということをやっていたのです。

難民である以上、働いてはいけないのです。自立させずに支援だけを行う。すると難民はどうなるか。ただ「もっとくれ、もっとくれ」と施しを求めることになる。

これではパレスチナ難民の人たちは自立できません。さらに、ＵＮＲＷＡの難民認定の仕組みにより、支援対象者が子孫も含めて５００万人超に膨らんでいたのです。国連も含めた国際社会はパレスチナ難民を支援していると自負しながら、実際はパレスチナ人の自立を妨げていたということです。

トランプ大統領はその矛盾を指摘し実行したのです。

私もＵＮＲＷＡの事務所へ行ったことがありますが、難民を無償で食べさせてあげている。自立を奪うと、あとは暴力しか残っていない。むしろその原因を断つ、元凶を断つというのがトランプ大統領の考えだったのです。

バイデン政権になって、ＵＮＲＷＡへの拠出は再開されました。ネタニヤフ首相を支持することによってイスラエルをグローバル・ユダヤの一員に迎える、という背後のＤＳ、ネオコンの意図が窺えます。トランプ大統領に取られたものだから「取り返した」のでしょう。

いまナショナル・ユダヤを支援しているのはプーチン大統領です。プーチン大統領は、自分がこの停戦を仲介するとはっきり言っている。

世界の世論はイスラエルに対しては「即時停戦」と言いながら、ウクライナに対しては「もっと戦え」ですから、どうしてこんな二重基準が成り立っているのかということを私たちは考えるべきでしょう。

東欧で都合が悪くなると中東へ

歴史をたどっていくと、公開情報だけでどんどんつながりが見えてくるのがおわかりいただけると思います。繰り返しになりますが、DSは東欧でうまくいかなくなると突然、中東に飛び火させる。ワンパターンですが、それを繰り返すのです。

いまから10年前、クリミア半島併合のすぐあと、当時のウクライナ政府（反ロシアのネオコン政権）は、反ロシア政策をとっていました。２０１４年の7月17日、東部ウクライナの上空でマレーシア航空機が撃墜される事件が起きました。

ウクライナ政府の当初の説明は非常に矛盾していました。ウクライナ政府は「ロシア軍がやったものだ」と発表したのです。東部の親ロ派勢力が、ロシアのブークというミサイルを使って撃墜した――と。

ロシアと親ロ派勢力のやり取りを盗聴して判明したとのことですが、これがおかしい。なぜなら、盗聴したことを明らかにしないというのが、この世界の常識だからです。浮かび上がった疑問は、ウクライナ政府はなぜそんな常識外れな発信をするのか、ということです。

撃墜された機体を調べた映像には、機銃掃射の痕がありました。つまり、機関銃で撃たれた。それが映像になって流れている。ということは、ミサイルの攻撃で撃墜されたのではない――。

はっきり言えばウクライナの空軍機に撃たれて墜ちた。そういう見方が濃厚になってきたのです。これはウクライナ政府の嘘ではないかと。すると突然、世論の関心が中東に移った。ある意味では今回のウクライナ→イスラエルと同じです。

また「一枚岩の欧米に対しロシアは孤立する」という分析が間違っていたことは2022年11月14日の国連総会で明らかになりました。

国連総会でロシアに戦争賠償を求める決議案が賛成多数で可決されたことにより反

プーチン一色のわが国のメディアは、まるで鬼の首でも取ったようなはしゃぎぶりでしたが、実のところは決議に賛成した94カ国に対し、反対が14カ国、棄権が73カ国だったのです。

つまり、決議に賛成しなかった票の合計は87カ国にもなり、94カ国の賛成票とほぼ拮抗しているのです。しかも、加盟国全体で193カ国なので、欠席等を加えると明確に賛成しなかった国が99カ国と半数を超えており、ロシアは孤立しているとの印象操作が完全に失敗していることがわかるのです。

——2023年9月の国連総会でのゼレンスキー大統領の演説は、見事に席ががらがらでした。

その様をDSの広報部隊である既存メディアが世間に見せたことに意味があります。いままでは隠していました。本人だけを映していたら空席状況は隠せるというのに、演者側からオーディエンス席を映した。隠さなかったということです。つまり、これは、「世界のウクライナに対する興味はこういう状況です」ということをわざわざ世界に配信したということ。「公開情報でわかる」という一例です。

もちろん、ゼレンスキー大統領はそういう空気の変化を感じ取っているはずです。そもそも最初からわかっているはずで、ウクライナ軍でロシアと対等に戦えるわけがない。私は両方の国に勤務したのでわかりますが、質量ともにロシア軍は圧倒的です。

ロシアが最初に軍事作戦を開始したのは２０２２年の２月24日です。それから１カ月で停戦交渉はまとまった。ウクライナ政府は「戦い抜けない」というのがわかっていたからこそ停戦に応じました。それをつぶしたのは、当時のイギリス首相だったボリス・ジョンソン。これはみなさんご存じのとおりです。

そして、でっち上げたのが「ブチャの虐殺」。ブチャの民間人殺害に関してロシアのセルゲイ・ラヴロフ外相は、ロシア軍が後退した後に「でっちあげられたものだ」と述べています。ウクライナ軍かウクライナ当局がやって、ロシアのしわざということにして停戦交渉をつぶして戦争を継続させた。証拠映像や写真など、いくらでも捏造できます。

そのころからゼレンスキー大統領は状況をコントロールできなくなったと推察します。もともとネオコン勢力が彼を大統領に据えたという背景がある。ゼレンスキー大統領は言われるままにやっているのでしょう。

支援という形で旧式な武器ではあるにしろ、武器だけは供給される。それを世界のマーケットで売りさばいてポケットに入れている。彼は家族や自分のためにイスラエルに豪邸を購入しています。すでに両親はイスラエルに移住済み。

簡単に言えば、武器を横流ししてマネーを懐に入れる。それはゼレンスキー大統領だけでなく、他の幹部連中もおなじこと。各々が蓄財に励んでいる状況なのです。

台湾有事が起きてくれないと困る人々

日本には台湾有事が起きてくれないと困る人たちがいます。なぜなら「日本は台湾有事に備えるために軍備を増強する」という建前になっていますから。

しかし、その軍備増強が日本有事につながる。

中国は第二次大戦の戦勝国です。もともとは蔣介石の中華民国政府（国民政府）でしたが、１９７１年に国連総会で代表権の交代があり、「中国」を正当に代表するのは中華人民共和国ということになった。

それをアレンジしたというか、裏で働いたのはキッシンジャーです。キッシンジャーは北京を極秘に訪問して周恩来、毛沢東と接触してニクソン訪中を実現させた。そもそもアメリカは日本などと結んで台湾追放を阻止しようとしていた側だったのです。それなのに日本を無視して米中関係の改善をはかった。つまり、日本ははしごを外されたのです。その筋書きを書いたのもキッシンジャー。

当時のことはよく覚えています。そのとき私はインドに赴任していましたが、アメリカと中国の関係が正常化するとインドの立場は悪くなる。

なぜこの話をするかといいますと、ウクライナで都合が悪くなれば中東に飛び火するパターン、今回は中東でもうまくいっていない。なぜなら、世界の大半はパレスチナ支持というか、イスラエル批判だからです。

中東でうまくいかないとなると、今度は東アジアに火種が回ってくる。繰り返しますが東アジアで起こるのは台湾有事ではなく、朝鮮半島有事か日本有事。どちらが先に起こるかはわかりませんが２０２５年までに起こる可能性が大いにあるということ。ただ、日本有事が起こるときの中国の指導者が習近平であるかどうかはわからない。

――現在の中国情勢はネットも含めて、「経済状況が非常に悪いので、習近平が暴発する」という世論誘導が見て取れます。

しかし、それはあり得ない。暴発してどうするのかということです。中国人民の反政府感情を外に向けるために台湾に侵攻するというロジックを考えたくなりますが、そういうことは中国では起こらない。

本当に習近平の基盤が弱くなれば、習近平はクーデターで追われる。中国というのは権力闘争を繰り返すことが国是みたいな国ですから。

日本にはいわゆるチャイナ・ウォッチャーがたくさんいます。保守の顔をした人もたくさんいる。その人たちは、この10年間ずっと「中国は崩壊する」と言っている。しかし、まだ崩壊していない。

私からすれば、絶対に中国は崩壊しない。なぜならば国際金融資本は「中国」を国家とは見ていない。彼らにとって中国はマーケットなのです。中国の14億の民がいる限り、中国というマーケットは存続する。

それを表面上「だれが支配するか」というだけのことなのです。習近平は3期目となりましたが、残りの任期を全うできるとは限らない。

ところが、チャイナ・ウォッチャーはそうは言わない。ということは、逆に中国側の宣伝をやっているということです。

たとえば習近平の批判に明け暮れるチャイナ・ウォッチャーが、どうして中国に渡航できるのかということです。そういうことを考えたらすぐにわかる。「この人は中国のために働いているんじゃないか」と。

チャイナ・ウォッチャーが中国のスパイというわけではありません。でも、利用されている。中国の専門家と称する人の話は、話半分で聞かれたほうがいいと思います。真面目に研究している方もおられますが、そういう方は基本的に表には出てこない。しかもメディアも取り上げない。むやみに煽るようなこともしませんし、メディア的に「面白くない」からです。

「習近平体制がもうすぐ倒れる」というようなセンセーショナルな話は好んで取り上げられます。そして、知らず知らずのうちに中国の孫子の兵法に引っかかっていく。中国が考えているのは、戦わずして日本を手に入れること。

――「もうすぐ中国が終わる」などと言われると、安心して対策をしなくても大丈夫だと思ってしまいます。

まさに中国共産党の「戦わずして日本をいただきます」という戦法です。そのお先棒を担いでいるチャイナ・ウォッチャーが相当いると見るべきです。

中国が崩壊すればいいと思っているチャイナ・ウォッチャーはたくさんいます。でも中国は崩壊しない。それがいいことなのか悪いことなのかというと、どちらとも言えません。日本もそれなりに中国とビジネスをしていますからね。

ＤＳが最後に寄生しているのが中国なのです。要するに中国とビジネスをしてお金儲けをやっているわけです。それゆえに、ＤＳは最後まで中国を放さないだろうと思います。習近平さんがどうなるかについては、彼らは直接関心がないんです。

安倍元総理は回顧録で「習近平はリアリストだ」とおっしゃっています。リアリスト、つまり、権力志向ということです。中国において権力を握るにはどうしたらいいか。それは共産党員になるのが手っ取り早いというだけの話なのです。

そういうことを見抜いていた安倍元総理は慧眼だと思います。会談を重ねるにしたがって習近平もいろいろなことをしゃべるようになったとおっしゃっていました。

先ほどの話で言えば、マーケットとして中国は滅びないというのがひとつ。習近平のあとはだれが指導者になるかはわかりませんが、私は九カ国条約時代に戻るのではないかとイメージしています。いわゆる群雄割拠の時代です。

九カ国条約の時代というのは事実上、中国は分裂していました。そうなる可能性はありますが、中国という市場は滅びないのです。


中国の政治体制は専制支配と言われます。しかし、そんな言葉では表現しきれないのが中国です。古より皇帝がいて人民を搾取する――これは世界でもまれな体制です。ロシア憎しなメディアや言論人はロシアも同じような国とレッテルを貼ります。共産主義時代のソ連はそうでしたが、いまのプーチン大統領のロシアは違う。私はロシア式民主主義だと思っています。

専門的になりますけれども、ロシアには「ソボールノスチ」という言葉があり、「集団性」と訳されます。プーチン大統領のインタビュー記事には、「ロシア人は個人的とではなく、集団的なやり方を好む」という発言がありました。簡単に言えば、それがソボールノスチです。

それはどういうことか。ロシア人は指導者と自分を同一化することによって自分の心の安定を得る。どこかのやり方と似ていますね。日本の天皇陛下と同じです。

繰り返しになりますが、中国は滅びず存在し続けます。しかし、中国には永遠に人民と共存できるような政治形態は生まれない。それをふまえてわれわれは心して中国と対峙する。黄文雄《こうぶんゆう》さんが言っておられるように「敬遠」がいいのです。あるいは聖徳太子の昔に返って、「日出づる処の天子、書を日没する処の天子に致す」と。

しかし、中国も「言うだけ」の国ですから、実際の行動は非常に慎重というか、ビビる国でもあるのです。

日本有事＝日中戦争

ＤＳは世界の関心をウクライナから中東に移しましたが、失敗して追い詰められています。最後に残ったのが東アジアであり、これから起こるのは朝鮮半島有事か日本有事ということも本書でも繰り返し述べてきました。

日本有事とは日中戦争のことです。岸田政権はバイデン政権から「日中戦争をやれ」と言われているに等しかった。とにかく「中国を刺激しろ」ということです。

２０２４年4月11日、ホワイトハウスでアメリカのバイデン大統領、フィリピンのフェルディナンド・マルコス・ジュニア大統領、岸田首相による首脳会談が行われました。これは会談内容を聞かなくても中国に備えたものだとわかります。

日米比3カ国が首脳会談　バイデン氏は南シナ海でのフィリピン防衛を約束

アメリカのジョー・バイデン大統領、フィリピンのフェルディナンド・マルコス・ジュニア大統領、岸田文雄首相は11日、米ホワイトハウスで3者による首脳会談をした。バイデン氏はフィリピンへの支援を「鉄壁」と表現し、南シナ海でのいかなる攻撃からも同国を守ると誓った。

南シナ海では、中国とフィリピンの沿岸警備隊の船がたびたび、係争中の海域で小競り合いを起こしており、緊張が高まっている。

バイデン氏の「鉄壁」発言は、そうした事情を踏まえたもの。3者会談の冒頭でバイデン氏は、「南シナ海におけるフィリピンの航空機、船舶、軍隊に対するいかなる攻撃も、私たちの相互防衛条約を発動させることになる」と述べた。

アメリカとフィリピンは1951年に相互防衛条約を結んでいる。

一方、中国は、アメリカがこの地域の緊張を高めているとの非難を繰り返している。

南シナ海をめぐっては数日前、南沙諸島付近の係争海域のセカンド・トーマス礁付近で中国船が「非常に危険な行動」をとったとして、フィリピンが中国を非難していた。

この件を含め、フィリピンはこの海域で中国船がフィリピン船に対し、放水や体当たりなどの嫌がらせをしていると非難している。

この日の会談では、3首脳は中国を名指しして批判はしなかった。マルコス氏は、3首脳が「ルールに基づく国際秩序への揺るぎないコミットメント」を共有していると述べた。

中国は、南シナ海での行動に対する批判を受け流し続けている。そして、インド太平洋地域の緊張をあおっているのはアメリカだと非難してきた。

中国外務省の毛寧報道官は11日、「中国の領土主権と海洋権益を、誰も侵してはならない。中国は自国の合法的権利の擁護において断固たる姿勢を取り続ける」と述べた。

日米比で防衛協力

米政府と日本の外務省によると、日米比3カ国は海上合同演習などで「3カ国防衛協力」を進めることを計画している。

バイデン氏と岸田氏は10日、中国の潜在的脅威に直面する中での日米の防衛関係強化に重点を置いた合意事項を発表した。

これらの計画には、オーストラリアも加えた防空ネットワークの拡大や、日米の共同指揮体制の構築が含まれる。

日米はまた、イギリスを含めた3国による合同軍事演習も予定している。

岸田氏は10日、日米は中国と対話および共通の課題での協力を続けていくことを望んでいると記者団に説明。一方で、日米は中国からの挑戦には対処していくと表明した。
（2024年4月12日／BBCNEWS JAPAN）

ここで、皆さんに考えていただきたいのは、日本の核武装論です。私は抑止力という面では意味があり、核武装論が間違っているとは思いません。問題はどのようにして、どこまで核武装するかということです。この議論をしないかぎり、核武装は絵に描いた餅になってしまうからです。
では日本はどこの国に対して核抑止力を持つ必要があるのか。それは中国に対してです。では中国に対して日本が核抑止力を持つとすれば、どれだけの数を所有しなければならないか。

――令和6年版防衛白書によれば、中国は2023年5月時点で500発を超える核弾頭を保有していると言われています。

つまり、相互抑止の概念（相互確証破壊ＭＡＤ／mutually assured destruction）に基づくと日本も５００発を超える核弾頭を保有しなければならないのです。抑止力とするなら相手と同等の核弾頭を持たなければならない。東西冷戦は八百長であれ、そういう形式をとっていて、米ソの保有核弾頭数は均衡していました。

日本にも核武装論者はたくさんおられます。ならば「日本はどのようにして即座に５００発の核弾頭を持つのか」という議論をしなくてはならない。それは具体的に可能なのかどうか。それを抜きにして「核武装します」などと表明したら、中国に日本を攻撃する口実を与えることになる。

このままではこの先、日本はネオコンの都合のいい道具としてアジア版のウクライナ役を担わされる可能性を危惧せざるを得ません。彼らのやり口は常に同じパターンです。中露の権威主義勢力への対決を唱えているネオコンが、ロシアの次の矛先である中国との対決において、最前線で対峙させるのは、日本です。

この点は台湾有事論に隠れて注目されていませんが、わが国にとっては台湾有事よりはるかに恐ろしいシナリオです。

もし、チャイナ・ウォッチャーが言うように習近平国家主席が毛沢東を超える指導者として歴史に名を残したいのならば、1950年のアチソン国務長官演説以来すでに中国のものである台湾に侵攻するメリットはありません。歴史に名を残すなら対日戦争に自前で勝つことにつきます。わが国の無節操な軍備増強は中国に戦争の口実を与えかねないのです。

国連の旧敵国条項は総会決議で死文化されているとはいえ、戦勝国は援用しようと思えばできるのです。

たとえば中国が侵入を繰り返す尖閣諸島。中国に遺憾発言を繰り返すだけの日本政府は「アメリカは尖閣諸島の施政権を認めてくれた」と認識しています。

しかし、あれはたまたま現状において、「尖閣列島の行政権力を行使しているのは日本である」と言っているにすぎないのです。アメリカは、「尖閣は日本の領土である」とは一度も言っていない。

ゆえに「尖閣は日本領だ」と主張したところで、中国どころかアメリカにも通じない。それどころか、台湾にも通じない。

なぜなら台湾も尖閣列島の領有権を主張しているのです。

尖閣諸島は日本の領土です。

中国にしても、それを認めていた。というか、問題にしていなかった。ところが、尖閣の周辺に油田が発見されたとなったら、とたんに「尖閣は中国の領土だ」と言い始めた。最初にそれを全部拒否すればよかったのですが、日中国交回復のとき、田中角栄は周恩来との会談でそれを「棚上げ」にしてしまった。

それ以降、日本政府はその問題に向き合わない。民主党政権のときには、中国の漁船が海上保安庁の巡視艇に体当たりしても、特別金まで出して船長さんにお帰り願ったのです。

日本のことを日本で決められない——。わが国はそういう状況にある。

これは何も日本を貶めることでもなんでもありません。日本の国防論議というのは、むしろわが国が置かれたそういう状況を正しく理解することから始めなければならないということです。

「United Nations」を国際連合などと言っている国は、日本以外どこにもないのです。「国際連合」と誤訳されていますが、国連は第二次世界大戦の「連合国」なのです。

――日本が国際連合と訳している原文は「United Nations」、この正訳は、単に「連合国」ということですよね。

連合国は戦争で戦った相手であり、東京裁判で日本を裁いた相手ですから、国民感情に配慮して「国際連合」と訳したのだと思いますが、国際連合と訳した結果、本来の意味が薄まり国民の間に広まったということではないかと思います。

国連広報センターのサイトを見ていただければわかるのですが、タイトルの「Charter of the United Nations」は「国際連合憲章」と訳していますが、国連憲章の前文の「We the Peoples of the United Nations」のところを「われら連合国の人民は」と訳しています。つまり、原文の同じ言葉を訳文では別の言葉で表現しているのです。

中国は第二次世界大戦の戦勝国ですから、中国にしてみれば、国連憲章上の根拠ができたということになる。死文化されたとされている国連憲章の旧敵国条項が、国際政治の現場では「使われる」のです。

2年前のドイツで何があったか思い出してください。

――ノルドストリーム・ガスパイプライン爆破事件ですね。

当初ノルドストリームの爆破はポーランドの関与が疑われました。爆破された2022年9月26日の翌日にノルウェーからポーランドに天然ガスを供給するパイプライン『バルティック・パイプ』が開通したからです。

しかし、アメリカの著名ジャーナリストであるセイモア・ハーシュ記者はブログ（2023年2月8日）において、9月26日のノルドストリーム爆破はバイデン大統領の指示の下に行われたCIA、米海軍及びノルウェー海軍の共同作戦であったと暴露しました。

ノルドストリーム爆破は、ロシアとドイツの間の緊密な関係を頓挫させ、EU諸国の対露エネルギー依存度を低下させることに成功しました。

2021年9月に完成したばかりのノルドストリーム2は、反ロシアのウクライナやポーランドを経由せず海底を通してヨーロッパに天然ガスの長期安定供給を可能にし、欧露がともに待ち望んでいたものです。

常識的に考えれば、ノルドストリーム爆破は宣戦布告と同じです。ドイツという独立国家に対してアメリカが、ドイツの重要な経済権益に一方的に攻撃をかけた。力による変更そのものです。

ロシアがやると、「力による変更だ」と非難しながら、自らがやる場合は有耶無耶にしてしまう。それがアメリカという国です。

――ドイツが追及すれば、「敵国だから」ということになりかねないと。

そうです。ドイツはそれを言われる前に降伏したと見るべきです。ドイツは第二次世界大戦がどういう性格の戦争であったのかをよく理解しているのです。だから、何も抵抗せずに、いわば旧敵国条項の適用に従ったということです。

――それはつまり、敗戦国だから当然ということでしょうか？

戦勝国の仲間に敵国が膝を屈して入れてもらったのだから、そういう取り扱いを受けても「文句は言いません」という言外の含みがある。簡単に言えば、敵国に対しては戦勝国は何をしてもいいという条項です。旧敵国条項とは国際連合憲章 第17章安全保障の過渡的規定107条を指します。

第17章　安全保障の過渡的規定　第107条
この憲章のいかなる規定も、第二次世界大戦中にこの憲章の署名国の敵であった国に関する行動でその行動について責任を有する政府がこの戦争の結果としてとり又は許可したものを無効にし、又は排除するものではない。

非常に意味をつかみにくい文章ですが、簡単に言えば、連合国は第二次大戦中の「敵国」である日本やドイツに対して、どのような行動をとっても国連憲章には違反しないということです。

つまり「国連憲章」は連合国の憲章なのです。その国連に日本は旧敵国として入れてもらった立場ということです。憲章の旧敵国条項は107条がよく知られていますが、このほかに53条と77条も旧敵国条項となっています。

第8章　地域的取極　第53条

1　安全保障理事会は、その権威の下における強制行動のために、適当な場合には、前記の地域的取極又は地域的機関を利用する。但し、いかなる強制行動も、安全保障理事会の許可がなければ、地域的取極に基いて又は地域的機関によってとられてはならない。もっとも、本条2に定める敵国のいずれかに対する措置で、第107条に従って規定されるもの又はこの敵国における侵略政策の再現に備える地域的取極において規定されるものは、関係政府の要請に基いてこの機構がこの敵国による新たな侵略を防止する責任を負うときまで例外とする。

2　本条1で用いる敵国という語は、第二次世界戦争中にこの憲章のいずれかの署名国の敵国であった国に適用される。

第12章　国際信託統治制度　第77条

1　信託統治制度は、次の種類の地域で信託統治協定によってこの制度の下におかれるものに適用する。

a　現に委任統治の下にある地域

b　第二次世界大戦の結果として敵国から分離される地域

c　施政について責任を負う国によって自発的にこの制度の下におかれる地域

2　前記の種類のうちのいずれの地域がいかなる条件で信託統治制度の下におかれるかについては、今後の協定で定める。

これらの条項は1995年9月の国連総会で無効決議がなされました。さらに、2005年の国連首脳会合の成果文書において、加盟国の決意としてこれらの旧敵国条項を削除することが表明されています。しかし、文章としてはいまだに残っているのです。残っているということは、この条項を第三国に利用される可能性があるということです。

――無効決議がなされた旧敵国条項を利用して、第三国が日本を追い込んでくるような事態は現実に起こりうるのでしょうか？

２０１９年のことです。日露平和条約交渉において、ロシアのラブロフ外相は「日本側が南クリルの島々はすべてロシアに主権があることも含めて、第二次世界大戦の結果をすべて認めることが第一歩だ。それについては議論の余地はない。そのことは、国連憲章や大戦終結に関する大量の文書、１９４５年９月２日の一部の文書で確定されている」と国連憲章を援用して、議論をシャットアウトしているのです。

ロシアのラブロフ外相は21日、ドイツ・ミュンヘンで16日に行った河野太郎外相との外相会談で、国連憲章に「(第2次大戦での) 戦勝国の行いは議論の対象とならない」との記述があると主張し、北方領土のロシアの主権を認めるよう迫ったことを明らかにした。

（２０１９年2月22日／朝日新聞デジタル）

後に安倍総理（当時）も出席したとある会合でそれが話題になりました。それに対して外務省の現役組は何も言わなかった。私が引き取って、「この旧敵国条項については国連総会決議で死文化されています」と説明しました。「死文化」または「無効化」ともいいます。それは意味を失っているということ。しかし、先述したように文言は残されたままなのです。

私は「ゴルバチョフ大統領が1991年4月に訪日して海部俊樹首相と首脳会談を行ったときに、共同声明でこのことに言及しています」とその場で申し上げました。安倍総理は黙って聞いておられましたが、外務省の現役組からもなんの反応もなかった。きっとラブロフ外相にその場で反論できなかったのでしょう。

ラブロフ外相にしてみれば、それは先刻承知のこと。

そういうことをどれだけ日本側が細かく覚えているか、効果的に反論できるかどうかを試したのではないかと、私はいまだにそう思っています。つまり日本はくせ球に難なく空振りしてしまったというよりも、空振りすらしなかった。手も出せなかったと言われても仕方がないのです。

外務省の現役の人たちが悪いとは言いませんが、こういうときに反論していただきたかった。「ラブロフ外相には、海部・ゴルバチョフ共同声明を持ち出して反論いたしました」と。ここでこの共同声明を見てみましょう。18項は次のように規定しています。

日ソ共同声明（1991年4月18日東京で署名）

18項

双方は、国際連合その他の国際機関の活動を高く評価するとともに、これらによる地域紛争の解決並びに世界における相互理解、信頼及び安定の強化並びに現代国際社会における建設的協力及び協調の拡大に対する重要な貢献を高く評価する。双方は、国際連合が政治、経済及び環境の問題並びに麻薬の不法な取引との闘いの問題を含む他の世界的問題の解決に果たす役割の重要性について意見の一致をみた。双方は、平和のための活動に係る国際連合の潜在力を十分に開花させ、国際連合が世界的問題に果たす役割を高めるよう支援するため、両国間で協力及び協議を更に進める必要性につき認識の一致をみた。双方は、国際連合憲章における「旧敵国」条項がもはやその意味を失っていることを確認するとともに、国際連合の憲章及び機構の強化の必要性に留意しつつこの問題の適切な解決方法を探求すべきことにつき意見の一致をみた。

（内閣府ホームページより）

このことからもわかるように旧敵国条項は無視できないのです。国連総会決議で「無効化」されたにすぎないからです。なぜ、「すぎない」のか。総会決議には法的な拘束力はなく、単なる精神規定だからです。それでも、それを援用して相手との論争に使うぐらいの知恵は必要です。そのお互いの真意を知りながら、そういう論争をやるというのが外交なのです。

北方領土交渉では安倍、プーチンの間で事実上、二島返還で決まったのです。それを具体的な条文にするということで、その条文をつくる作業が外相レベルに下りてきたとき、旧敵国条項を持ち出されて頓挫してしまった。

本来、首脳間の決定を外相レベルで覆すことはできません。ただ、安倍総理の回想録などを読んでみますと、その間の事情が見えてきました。

私が想像したとおりでしたが、ロシアの国内に反対勢力がいた。プーチン大統領としても、それを抑えてまではできなかったのです。

反対勢力とはご承知のとおり、ＤＳです。アメリカやイギリスだけではない、ロシア国内にも隠然たる権力を保持しているのがＤＳです。プーチン大統領としても、その意向を完全に無視することはできなかった。

それがロシアだけに根を張る連中ならば、できない相談ではなかったと私は思います。いや、できると思ったからこそ、プーチン大統領と安倍総理との間で、二島返還で合意されたのですから。

ところが、いざそれを具体的な平和条約の条文に落とそうとすると、ロシア内のＤＳがいちゃもんをつけてきた。その背後には、アメリカのＤＳがいる。さすがのプーチン大統領も軽々には動けなかったのだと思います。

本題からは少しそれましたが、旧敵国条項とはそういうものです。もちろん、ロシア、イギリス、フランス、中国の五大国は旧敵国条項をいつでも発動できると見るべきなのです。日本だけでなくドイツに対しても――。

結局我々は連合国の外様、お客にしかすぎないのです。連合国にとって有意義な場合はいいように利用するが、害が出れば叩かれる。

ここだけを見ても国連信仰が間違っているということがわかるはずです。

第四章

グローバリズムと国連による洗脳

国連とグローバリズム

日本人は国連に対して好意的な印象を持っています。

しかし結論から言えば、国連というのは、世界をグローバリズムに染め上げるための機関にすぎません。

地球全体をひとつの共同体と見なして、あらゆるモノの移動、拡大が国境を越えて行われ、世界の一体化を目指す思想、それがグローバリズムです。そこには国家観は存在しません。

――世間ではグローバリズムを「海外進出」や「国際化」のような意味合いで捉えているケースも散見されます。

グローバリズムは「国際化」とイコールではなく、ニアリーイコールでもありません。世界の一体化とはつまり、国境の概念をなくすということ。金融や貿易といった経済面はもとより、人権や環境の問題も世界標準に合わせるための取り組みが進んでいる。

日本人は、世界とは海で隔たれた日本の国土でナショナリズムを培ってきました。私たちの中には「国境をなくす」という発想はそもそもないのです。ゆえに、グローバリズムが、どのような思想なのかを正確に把握すべきなのです。

それをしないと、「グローバリズムはすばらしい考えだ」「世界基準に日本も合わせなければいけない」「日本は世界の基準から遅れている」などという戯れ言に洗脳されてしまう危険がある。

グローバリズムとは、共通の価値観や基準の下でお金とモノと人の自由往来を確立して、世界をひとつにするということ。しかし、これは未来のあるべき世界の姿として、自然にその方向に向かって進んでいるわけではありません。グローバリズムはグローバリストの計画に基づいて進行しているのです。

アメリカではグローバリズムによって國體が危機に瀕しているとき、トランプ大統領が現れ、ナショナリズムの波を起こしました。

４年後、不正選挙によってグローバリズム勢力である民主党政権がその流れの阻止に出た。しかし、バイデン政権は、１年も立たずに支持率が低下し、いまやナショナリズムの波に呑まれようとしています。

グローバリズムと反グローバリズム

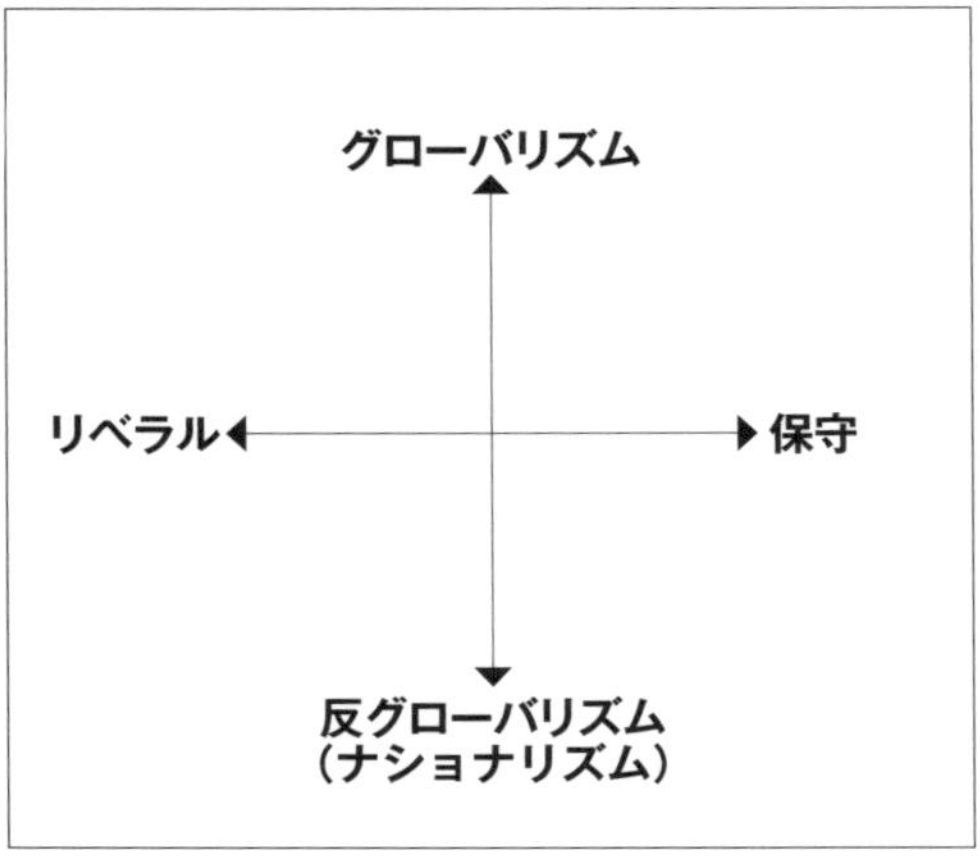

上のマトリックスを見たことがある方も多いかもしれません。縦軸がグローバリズムと反グローバリズム、横軸が保守とリベラルとなっています。

このマトリックスを元に議論する方々によれば、「今は保守やリベラルで分ける時代じゃない。グローバリズムか反グローバリズムで見るべき時代」だそうです。今の保守論壇でもこうおっしゃる方が少なくない。

この主張はミスリードを招く危険があると私は考えています。

アメリカの政治学者ウォルター・ラッセル・ミードも、このマトリックスと同じことを言っています。彼が書いた『Special Providence: American Foreign Policy and How It Changed the World』（以下『Special Providence』）という本の中に、この考えが出てくるのです。

ミードは米国の政治学者であり、著名なシンクタンクの外交問題評議会（ＣＦＲ）の研究員です。タイトルの「Special Providence」は「神の恩寵」という意味で、オットー・フォン・ビスマルクの「God has a special providence for fools, drunks, and the United States of America.」という発言に由来します。

アメリカのグローバリズムの元をたどればアレクサンダー・ハミルトン的な考え方に行き着き、反グローバリズム（ナショナリズム）は州権の重要性を主張したトーマス・ジェファーソンに行き着く、とミードは言っています。

しかし、考えてみてください。日本において「保守でグローバリズム推進」というスタンスは存在するのでしょうか？

――存在しません。

では、「リベラルで反グローバリズム」はどうでしょう？

――これも存在しません。

存在するのは「リベラルでグローバリズム推進」と「保守で反グローバリズム」だけなのです。

「保守で反グローバリズム推進」というのは私たちに当てはまります。「リベラルでグローバリズム推進」というのは、ウクライナを支援し、ＬＧＢＴ理解増進法を強行採決する――まさに今の自民党です。

――自民党を「保守」と誤認すると、「保守でグローバリズム推進」というありもしないスタンスが生まれてしまいます。

このマトリックスを肯定する人たちは「右左が論点ではない、反グローバリズムかグローバリズム推進かが論点」ということですが、そんなことはない。やっぱり保守とリベラル、グローバリズムと反グローバリズムに分かれているのです。その理由は私の講義を受けていたり、書籍を読み込んでいただいているならわかるはずです。

――このマトリックスが成立しない理由は、言葉を言い換えているだけで、縦軸と横軸が同じベクトルということではないでしょうか。

正解です。保守は伝統や国柄を破壊するグローバリズムとは逆の存在なので、反グローバリズムと言い換えられます。リベラルはグローバリズムと同義です。これは少々長くなりますので後述しましょう。

別にこのマトリックスを元に議論を展開する方々を非難するのが目的ではありません。「存在しない」ということを言いたいのです。

グローバリズム推進なら保守ではないし、反グローバリズムならリベラルではない。真に受けると「あの方はリベラルだけれども反グローバリズムだから我々の仲間だ」という発想になる危険がある。このマトリックスから、「4つのスタンスが存在する」

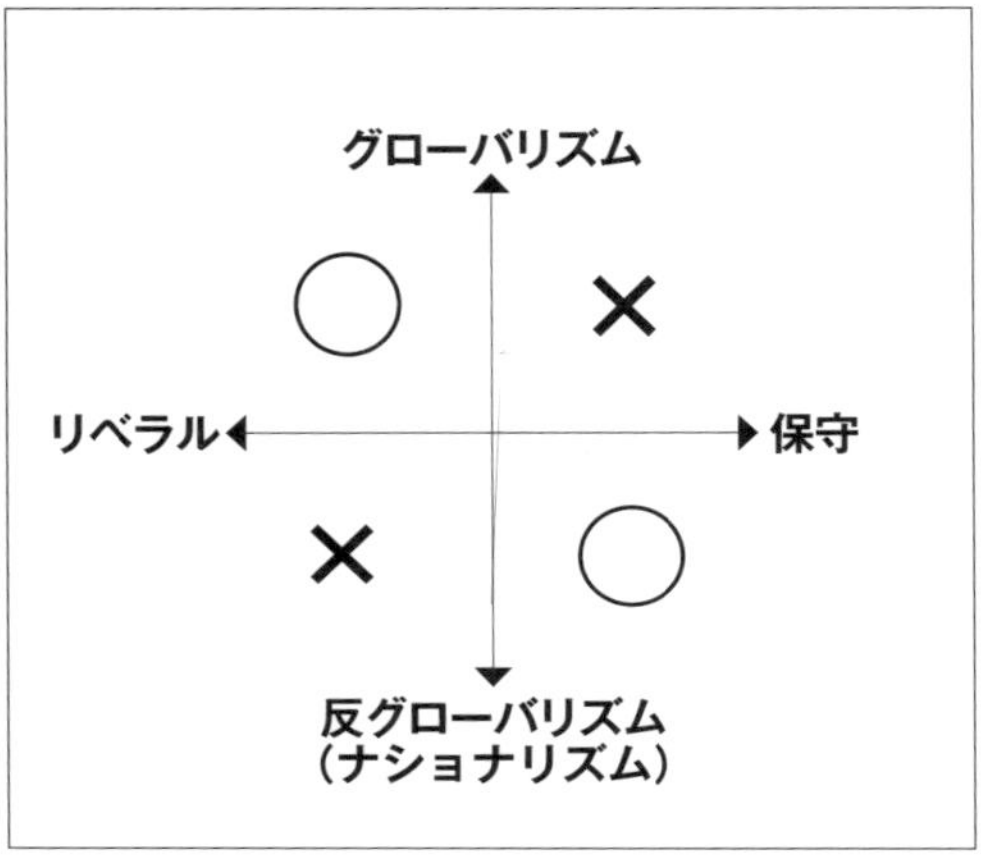

という前提で思考を展開すると、まったく間違ってしまう可能性がある。

もっともらしいことを言って私たちの思考を惑わすミスリードの事例として覚えておいてください。

そもそもミードが『Special Providence:』を書いたこと自体に政治的な目的があったと見るべきです。

この間違った立ち位置を語る言論人の方々は、出典がミードの『Special Providence:』であることを公言しておられない。読んでいるかどうかもわかりませんし、ひとりひとり確かめたわけではありませんが、おそらく結論だけをどこかから引っ張って来られたのでしょう。

リベラルとは何か

リベラルという言葉は政治的立場を示す言葉として耳にすることが多いと思います。保守に対して「リベラル」。そしてリベラリズムは「自由主義」と訳されるため、リベラルを自称する言論人や政治家は「自由と人権を尊重する進歩的な思想を持った人」と好意的に解釈されがちです。

――耳当たりが良いので、あまりよく考えずに使っている人も多そうです。

では、リベラルの意味を紐解いていきたましょう。
日本にリベラル思想が持ち込まれたのは、終戦後、GHQによってでした、連合国、つまりアメリカが懸念したのは日本が強力な国家として再生すること。序章でも述べましたが、占領政策は徹底的に日本を抑えるためのものでした。
小さな島国である日本が西洋列強と肩を並べられた理由を強いナショナリズムと民族団結力と分析したアメリカは、その基盤である歴史と伝統、文化や慣習を封建的で遅れたものであると否定し、民主化の名の下に自由主義や個人主義を日本に導入したのです。

伝統的な日本人の精神を否定し、戦争犯罪という原罪を日本人の魂に刻み込み、さらにリベラリズムを上書きしたということです。

戦後教育により、日本人は「リベラリズム」を「自由を尊重する進歩思想」と洗脳されています。

しかし、リベラリズムは「個人を取り巻く不自由や不幸は、現行の秩序によって個人が疎外されているため」として、伝統秩序からの脱却、個人の無国籍化を呼びかけるイデオロギーです。

――共産主義革命の謳い文句やグローバリズムの概念と同じです。

リベラリズムは社会主義を言い換えた思想でもあります。

日本でリベラルを自称している方々の多くはグローバリストを自認してはいても、自らが、社会主義を体現しているとは思っていないでしょう。

アメリカの高名なジャーナリストのウォルター・リップマンはリベラルの正体を示すサンプルとして秀逸です。

マス・コミュニケーション研究の古典的名著『世論』の著者としても知られるリップマンはこの本で「民主主義は幻想だ」と暴露しました。

「大衆は自分が考えていないことでも、あたかも自分が考えたかのように錯覚させられてしまう。したがって為政者による世論操作はいとも簡単にできてしまう」と書いています。

彼は第一次大戦当時、ウィルソン大統領のブレーンを務めています。ウィルソン大統領は『広報委員会（ＣＰＩ）』を設立し、世界初の大規模プロパガンダにより対独戦争熱を煽る世論誘導を行い、アメリカを第一次世界大戦参戦に導きました。第一章で紹介したエドワード・バーネイズもここに参加していました。

当時のリップマンは社会主義者として有名でしたが、後にリベラリストになり、晩年はネオコンに政治的スタンスを変えています。

これを聞くと、リップマンは左派から保守へと思想チェンジしたと勘違いしてしまうかもしれません。ネオコンとはネオコンサバティズム（新保守主義）の略だからです。このネオコンは1960年代からアメリカで勢力を伸ばし始めました。

ネオコンの元祖のひとりで、ユダヤ系政治学者のノーマン・ポドレッツによれば「もともと左翼でリベラルな人々が保守に鞍替えしたから、ネオと呼ばれる」とのことですが、この説明ではネオコンの正体を見誤ります。

なぜなら、ネオコンの元祖はレフ・トロツキー（ソビエト連邦の政治家、ボリシェヴィキの革命家）なのです。

その思想とは「社会主義を広げて世界から国境をなくし、ワン・ワールドにすること」、つまり「世界統一政府の樹立」です。

世界同時革命を唱えるトロツキーは、一国社会主義を主張するスターリンとの路線闘争に敗れ、ソ連を追放されメキシコに亡命し、暗殺されました。このトロツキーの世界革命思想を受け継いだソ連のユダヤ系トロツキスト達が、移民先のアメリカで社会党を乗っ取って民主党と統合し、民主党左派の中核に立場を得たのです。

彼らは「社会主義革命の輸出」というトロツキズムの思想を表に出すのをやめ、新たに「自由と民主主義の輸出」によって世界統一を目指すグローバル戦略を取りました。

ところがケネディ大統領の時代に、民主党がソ連との融和政策の平和共存政策を取り始めたため、民主党から共和党に鞍替えし今日に至っているのがネオコンの実態なのです。

イスラエルで発行された『ユダヤ人名事典』において、リップマンは「終生、国際主義者だった」と紹介されています。つまり、ネオコンの本質は国際主義であり、社会主義（共産主義）と同じイデオロギーを信奉しているのです。

リップマンの社会主義者→リベラル→ネオコンという遍歴は、思想的にはまったく変わっていないということです。

保守とは何か

いわゆる「保守」を名乗る言論人たちが増える一方の現在、保守とは何かを説明できる方は何人おられるのでしょうか。

――保守を名のる言論人の方はたくさんおられますが、彼らの「保守」という定義は曖昧というか。「守るものがある人が保守」という定義をしている言論人の方もおられます。

保守とは天皇を正しく理解し、天皇をお守りすることに尽きます。

私たち日本人の軸こそ、天皇なのです。日本国家は天皇と不可分であり、日本人もまた、天皇と不可分の一体であるのです。

日本の伝統的統治形態は「君民共治」ですが、君民共治は単に天皇の権威と国民の権力の分立ではありません。私たち民もまた、天皇陛下と同様に権威を備えた存在であることを自覚するべきなのです。

戦前の国語学者であった山田孝雄氏は『肇國《ちょうこく》の精神』の中で、わが国の君民共治の國體を支える軸が、祭祀共同体の精神であり、「それは国民がわが国は神国であることを自覚することである」と指摘しておられます。

この神国観は、この国が神から生まれたということを基として起こる思想であるが、神を祖として生まれたその子は当然神と本質を同じくするものであらねばならぬ。即ちこの国においては国土・国民・君主三者みな神の所生であり、その神の正系を伝えたまうが天皇であらせらるると確信している。ここに天皇の現人神であらせらるることは勿論であるが、国土も神格を有し、国民も神格を有すると考える。

（『肇國の精神』山田孝雄）

わが国の國體を一言で説明した文章です。

伊邪那岐命がお生みになった天照大神の孫である瓊瓊杵尊《ににぎのみこと》が日本に降臨され、曽《そう》孫《そん》の神武天皇が即位されて、日本国をしらす（知らす・治らす）体制が確立します。以来今上天皇まで126代の天皇陛下は当然神の子どもであり神格を有することは、私たちも自然に受け入れられます。天皇の存在そのものが現人神であることに疑いは生じません。

では、国土も神格を有するとはどういうことでしょうか。

私たちが住むこの日本列島は神から生まれた土地であり、それゆえに神の性格、神格を有すると言っているのです。

日本列島は神の子どもであるから神と性格を同じくしている。一般には、土地は物質であり、物質の中に神が宿っているとは考えません。

しかし、『古事記』を読めば、天津神《あまつかみ》の指導の下に、伊邪那岐命、伊邪那美命の二神が日本列島をお産みになったと記述されています。

是《ここ》に天神《あまつかみ》諸《もろもろ》の命《みこと》以ちて、伊邪那岐命、伊邪那美命、二柱の神に、是《こ》のただよへる国を修理《つく》り固め成せと詔《の》りごちて、天沼矛《あめのぬぼこ》を賜《たま》ひて、言依《ことよ》さし賜ひき。
故《かれ》、二柱の神、天浮橋《あめのうきはし》に立たして、
其《そ》の沼矛を指し下ろして画《か》きたまへば、
塩《しほ》こをろこをろに画き鳴《な》して、引き上げたまふ時に、
其の矛の末《さき》より垂落《したた》る塩、累積《つ》もりて島と成る。
是れ淤能碁呂《おのごろ》島なり。

ならば、日本列島は当然生みの親である伊邪那岐命、伊邪那美命の神格を有することになります。

天地《あめつち》初めて発《おこ》りし時に、
高天の原に成りませる神の名は、
天之御中主神《あめのみなかぬしのかみ》。
次に、高御産巣日神《たかみむすびのかみ》。
次に、神産巣日神《かみむすびのかみ》。
この三柱の神は、
みな独神《ひとりがみ》と成りまして、
身を隠したまひき。

古事記は、天地初発において初めに生まれた神様が、天之御中主神《あめのみなかぬしのかみ》と記していいます。そして高御産巣比神《たかみむすびのかみ》、神産巣比神《かみむすびのかみ》が生まれ、これら三神は造化三神《ぞうかのさんしん》と呼ばれます。

この結び（産巣）の力によって天地のもとで、さまざまな神様、万物が産みだされ

ていきます　それはすべてのものを生み成す力であり、いわば万物の源とも言えるものでしょう。

山田孝雄氏は「私たち国民は神の子どもである」と論じているのですが、現代に生きる日本人は自らが「神の子どもである」と言われても、ピンと来ないかもしれません。

しかし、古事記によれば、元をたどれば私たちも天地初発において初めに生まれた神様である天之御中主神に行き着くのです。

――ゆえに、天之御中主神の子孫である私たち国民も「神の子ども」ということですね。

そうです。わが国には1億2000万人の「神の子ども」が存在している。文字どおり「神の国」と考えることができるのです。

この認識が保守の本質といえます。

昨今、保守という言葉が無造作に使用されていますが、保守の神髄は天皇陛下を始めとする皇室の方々、国民、そして日本列島の三者が神の性格を有しているということを認め、敬意を表することに尽きます。

このような認識に基づき、私たちはどう行動すべきかが課題です。わが国は神国であることを知っているだけでは、何の意味もありません。問題は、神国であることを実際の行動で示すことです。

――行動で示すとは、どのようなことでしょうか。

たとえ私たちが神格を有することを実感していなくても、神の子どもであることの意味を自らの研鑽努力によって究めることによって、日本の神の本質に迫ろうとする心意気が必要なのです。

この自覚が、われわれは世界の模範となる人間にならねばならないとの気力を生むことになるはずです。さらに、国土が神格を有するという自覚は、わが国をいたずらに戦争に巻き込んではならないとする自重心を起こさせるはずです。

言うまでもなく、他国との戦争は日本の国土を汚すことになるからです。国土を汚すということは、神を汚すということであり、わが国の伝統的思想である穢《けが》れ忌避思想に反することです。

山田孝雄氏の『肇國の精神』が『國體の本義』発刊の1年後の昭和13年（1938年）に世に出たのは、戦争の足音がひしひしと押し寄せていたからです。

ヨーロッパでは、ポーランドがナチスドイツとの妥協を拒み続けた結果、翌1939年9月に戦端が開かれ、第二次世界大戦が始まりました。

ナチスと同盟を結んでいたわが国は、アメリカの意図的な挑発の結果1941年12月に真珠湾を奇襲攻撃して、大東亜戦争に突入することになりました。残念ながら『肇國の精神』は戦争を防ぐことができませんでした。

1945年8月の敗戦によって、わが国土は史上初めて外国勢力に支配されることになります。

わが国が神の國であることを理解しない占領軍（GHQ）の支配は、二重の意味で神国にとって屈辱でした。

ひとつは外国勢が神国を支配したこと、しかも軍人たちが神国を統治したことでした。

ＧＨＱがわが国の神国としての特徴を理解していなかったのはやむを得ないとしても、わが国政府が神国であることを忘れたかのように追随的態度を取ったことが、もうひとつの屈辱です。

ＧＨＱはわが国を神国として尊重するどころか、神国としての主権を放棄させました。神国である誇りを骨抜きにされて、今日に至ってしまったのです。

だからこそ、安倍総理は「戦後レジームを脱却し、日本を取り戻す」と叫ばざるを得なかったのです。

日本を取り戻すとは、神国日本を取り戻すということでもあります。神国日本を恐れているのは、ＧＨＱを操ったアメリカ系ユダヤ人のニューディーラーの末裔たち、すなわち共産主義者たちです。共産主義と神国思想とは水と油で、共存できません。

２０２４年以降、私たちが戦わなければならない相手は、現在の共産主義者、すなわちグローバリストです。

彼らが目指す「世界新秩序」はグローバル市場による世界の統一で、マネーを独占的に握っているグローバリストたちが統一世界に君臨するという幻想です。かれらの儚い夢が幻想である理由は、彼らは世界の超少数派であるという事実です。

わが国が神から生まれたということの意味は、神から命を与えられたということです。神の命ということは、永遠の命ということです。

永遠の命を与えられているという精神は、わが国は永遠に発展を続けなければならないということを意味します。すなわち、天照大神の下された「天壌無窮《てんじょうむきゅう》の神勅《しんちょく》」のことです。

皇孫《すめみま》に勅《みことのり》して曰《のたま》はく、
豊葦原《とよあしはら》の千五百秋《ちいほあき》の瑞穂《みずほ》の國は、是《これ》、吾《あ》が子孫《うみのこ》の王《きみ》たる可《べ》き地《くに》なり。宜しく爾皇孫《いましすめみま》、就《ゆ》きて治《しら》せ。行矣《さきくませ》、宝祚《あまつひつぎ》の隆《さか》えまさむこと、当《まさ》に天壌《あめつち》と窮《きはま》り無《な》かるべし（日本書紀）

神から生まれた国土・国民・君主の三者は同じ血を有する血族として、相互に一体感を有し分離することができない関係にあります。日本国民がなぜ団結しているのかの答えがここにあります。

　歴史的に見れば、日本人は決して純粋民族ではありません。さまざまな渡来人の血が混じっているのです。しかし、これら渡来人たちは日本に同化しました。同化したということは、血のみならず精神も同化したということです。

　神国土は強固な同化力を備えているのです。いったん日本に同化すれば、出生地の差異によって差別することはありません。山田孝雄氏は渡来人の子孫で日本人の模範になった人物を挙げていますが、そのうちの一人が坂上田村麻呂です。

　私たちは歴史教科書で坂上田村麻呂の活躍ぶりを習いますが、だれも彼が帰化人であることに気づいていないのです。

　坂上田村麻呂を「〇〇系日本人」とは決して言わない。そもそも、わが国には帰化人を「〇〇系日本人」と呼ぶ習慣はないのです。つまり、同化すればみな日本人なのです。血の同化は精神の同化でもあります。

　遡れば、降臨された天孫瓊瓊杵尊は、地上の神の娘と結婚されましたが、瓊瓊杵尊のことを「高天原系日本人」とは誰も言わなかったのです。

『肇國の精神』は私たちの先祖供養の本質についても論じています。そして、先祖供養の重要さについては、芥川龍之介がキリシタン物短編の『おぎん』で強調しているところです。

キリシタンの養父母に育てられた少女「おぎん」は、刑場で最後の転向の機会を与えられたとき、キリスト教を捨てました。

それは、キリシタンとして天国に召されるよりも、キリシタンでなかったため実の父母は地獄にいる。ならば実の父母が堕ちた地獄へ行きたいと思ったからです。

芥川龍之介はこの小説で親子の絆の強固さを示唆しています。

ここに見られる親子の絆は、神国観の柱のひとつです。私たちは親子の絆で互いに結ばれているのです。この絆は直近の親子の絆に限定されるものではありません。先祖を遡ること無限の親と絆で結ばれているのです。

逆に言えば、子孫の末代まで親子の絆が存在しているのです。ということは、私たちにとって親子の絆は永遠ということです。親子の絆は天皇との絆でもあり、国土との絆でもあります。

つまり、私たちは天壌無窮の中に生きている。これは、過去も未来もすべて今に凝縮されている「中今」の概念でもあります。

私たちは「今」という永遠の命を生きているのです。私たち先祖の過去も、子孫の未来も、すべて現在に存在している。わが神国は今の私たちの中に存在し、永遠に古くならないのです。古くならないということは、常に新しいということです。ゆえに保守とは伝統を重んじつつ、常に新しい「今」なのです。

国連信仰という洗脳

序章で引用した「ＷＨＯから命を守る国民運動」決起集会へのメッセージの中でも触れたユダヤ系アメリカ人の政治学者ズビグニュー・ブレジンスキー。彼は著書の『THE CHOICE』でグローバリズムは「歴史の必然」であるとして、国連がグローバリズムの推進に当たってきたことを公言しました。

お金の移動のグローバル化はＩＭＦ（国際通貨基金）、物の移動のグローバル化はＷＴＯ（世界貿易機関）が担ってある程度達成されたが、残ったのは人の国境を越えた移動の自由である、しかしこれには国連機関が存在しないので新設する必要がある、と述べています。国連ファミリーのＷＨＯについては言及していませんが、いままで注目されなかったＷＨＯが、４年前のパンデミック騒動から、グローバリズムによって人類の命と健康を握ろうとしてきている。国連の専門機関にすぎないＷＨＯが我々の生命を支配するなど許してはならないことです。

ではなぜＷＨＯが日本にパンデミック条約を押し付けようとしているのか。彼らが日本に強気なのは日本の中に「受け皿」があるからです。

日本の政権がグローバリストに日本人の命を売ったということです。

ブレジンスキーが国連について著書『THE CHOICE』で語ったのは２００４年ですから、その後もちろん、国連も人の移動に関しての取り組みを推進しています。

２０１８年に「安全で秩序ある正規移住のためのグローバル・コンパクト」や「難民に関するグローバル・コンパクト」などを採択していますし、ＳＤＧｓ（持続可能な開発目標）の10番目の目標（ゴール）「人と国の不平等をなくそう」の中のターゲットには「計画に基づきよく管理された移民政策の実施などを通じて、秩序のとれた、安全で規則的かつ責任ある移住や流動性を促進する」と挙げられています。

――SDGsはまさに、グローバリズム洗脳ですね。

そのとおりです。IMFやWTOに直接縁のない生活をしている人にも、「世界標準を実現しましょう」と語りかけてくるグローバル洗脳です。しかも私たち個人に見えるように「2030年までに」という期限を切っていますから、共産主義の進歩史観そのものです。

共産主義はマルクスが考え出したものとされていますが、マルクスを支援して研究させたのはユダヤ系大富豪ロスチャイルドだったことはあまり知られていません。共産主義というのは『インターナショナル』という国境を超えた労働者の組織（第一インターナショナル・1864年にロンドンで創立された国際労働者協会の通称）が基盤です。

つまり、国際主義の思想が行き着いた先、そのひとつがグローバリズムであり、もうひとつが共産主義と言えます。1枚のコインの表裏なのです。

SDGsの17のゴールの中には「ジェンダー平等の実現」があります。既存の社会秩序を破壊するための施策です。

「エネルギーをみんなに そしてクリーンに」「気候変動に具体的な対策を」などのアジェンダは、各方面から根拠のなさが指摘されるだけでなく、太陽光発電やEVなどは、化石燃料より環境破壊につながることがバレてしまいました。

国連信仰という権威を最大限利用した「今後の世界の発展のためにはこれらが必要である」という洗脳活動の影響力は甚大です。

一般の人たちも「脱炭素こそが正しい生き方」というライフスタイル提案を疑問なく受け入れているのが現実です。

――SDGsは子どもじみた標語で語りかけますが、その実態は許容できないことばかりです。これらのアジェンダが企業活動のみならず、子どもたちの学校教育などでも活用されています。

由々しき問題です。グローバリズムは、日本人の核の部分に土足で踏み込み、伝統や価値観を否定する攻撃的なものです。

麗澤大学准教授ジェイソン・モーガン氏が『国連が振りまくＳＤＧｓに仕込まれた猛毒』というタイトルで、国連の問題点と、ＳＤＧｓの本質に迫る論文を書かれていたのを思い出します。「ＳＤＧｓというトロイアの木馬を安易に日本国内に受け入れるべきではない」と警告していました。そして「ＳＤＧｓは社会主義導入ギミックに過ぎない」と看破されていました。

今まで国連本部や国連諸機関は、グローバリズムの普遍的価値を加盟国に浸透させるため、各種の宣言や条約を制定して加盟国の主権を制約してきました。

――つまり、抽象的な普遍的価値を使って、各国の伝統的価値や固有の文化を制限するということですね。

日本への「言いがかり」の最たるものは人権理事会からの干渉で、皇室の伝統である男系皇統をジェンダー問題として取り上げ、男女差別とみなしてきたことです。

具体的には国連人権委員会において、男系男子が皇統を受け継ぐという皇室典範を改正しろという勧告が入りそうになったのです。

その直前で日本政府が抗議し、勧告の項目からは落ちました。しかし、ジェンダー平等の観点から皇室に口を挟んでくる国連の意思が消えたわけではありません。国連の一部は、日本の皇室の解体を望んでいるのです。

国連の人権ゴリ押しにおける最新の事例は、ＬＧＢＴ問題と言えるでしょう。そもそも差別という形では日本には存在していませんでした。

ところが、自民党は２０２３年６月15日の参議院内閣委員会で「ＬＧＢＴ理解増進法（正式には「性的指向及びジェンダーアイデンティティの多様性に関する国民の理解の増進に関する法律」）」を無理やり通してしまった。

――メディアでは、女風呂にトランスジェンダーの男が入ってきたらどうするか、そういう話を中心に議論が展開されています。

重要な点が抜けているのです。教育現場ではまだこのことが十分議論されていない。これは早くから心ある識者によって危険性が指摘されています。ところが、既存メディアはいっさい教育におけるＬＧＢＴ問題は取り上げない。

アメリカの教育現場は、ＬＧＢＴを盾にした左翼に乗っ取られ、しかもそれに異議を唱える保護者のほうが、司法から問題にされているのです。このままではいずれ日本もそうなる。法律が通ってしまいましたから時間の問題です。

ヘイト法はどうなったか。日本の場合は、行政組織も下に行けば下に行くほど手厚くなる。手厚くなるという言い方はおかしいのですが、そう言わざるを得ない。もともとのヘイト法で規定された内容よりも、より厳しい内容がいま末端の行政機構では行われているのです。

──ＬＧＢＴ法も同じようになることが容易に想像できます。

トランプ大統領の国連演説

２０１９年9月24日の国連総会、トランプ大統領は演説の中でグローバリストを否定しました。グローバリズムの推進機関である国連の議場においてです。

未来はグローバリストの手中にはありません。未来は愛国者にこそあります。未来は独立主権国家にあるのです。なぜならそのような国家こそ自国民を守り、隣国を尊重し、そしてそれぞれの国を特別で唯一無二のものにさせている違いというものに敬意を払うからです。

ここまで、国連の嫌な話ばかりでしたから、膝を打ちたくなるほどに嬉しいメッセージと言えるのではないでしょうか。

彼はこの国連演説の中で、不法移民問題についても取り上げています。

私たちの最も重大な課題のひとつは、不法移民であり、それは繁栄を損ない、社会を引き裂き、非情な犯罪カルテルに力を与えます。

マフィアは中南米の貧しい人たちに、アメリカに行くといい生活が待っているという甘言を弄し、彼らから金をとってアメリカに向かわせます。

彼らはアメリカにたどり着いても今度は働いてその金を返さなければならない。しかし、まともな就職口がないため、低賃金でしか働けない、返せないと犯罪組織に組み込まれる。つまり、マフィアの資金源になっているということをトランプ大統領は世界に発信したのです。しかもそれは世界の人権団体や、人道主義者たちが社会正義の口実のもとに犯罪組織に力を与えているとまで言及しています。

今日、私は社会正義のレトリックに身を隠し、国境をなきものにしようとしている活動家たちにメッセージを持ってきました。あなた方の考えは正義ではありません。あなた方のやり方は残酷で邪悪です。あなた方は、罪のない男性、女性、子供を餌食にする犯罪組織に力を与えている。あなた方は無数の罪なき人々の生活や福利よりも前に、あなた方自身の誤った美徳を置いている。あなた方が国境を蝕むとき、あなた方は人権と人間の尊厳を蝕んでいるのだ。

そして、各国のリーダーに向けて、自国を愛する大切さを語りかけたのです。

愛国者の意志と献身あってこそ自由は守られ、
主権はゆるぎないものになり、
民主主義が維持され、
偉大さは実現されるのです。
抑圧に抵抗する力、
レガシーを築く発想、
友情を求める善意、
そして平和をつかみ取ろうとする勇気の中に
愛国者の気概が見いだされるのです。
自国への愛が、すべての国にとってより良い世界を作り出すのです。
今日ここにいるすべてのリーダーのみなさん。
決意さえすればひとりの人間が持ちうる、
最もやりがいのある使命を、
誰もが行うことができる最も大きな貢献を、
ともに果たそうではありませんか。

あなた方の国々の精神を高めましょう。
文化を大切にしましょう。
歴史に敬意を払いましょう。
国民を宝としましょう。
国を強くしましょう。
繁栄させましょう。
道義性を高めましょう。
あなた方の国民の尊厳に敬意を払いましょう。
そうすれば、あなた方が手の届かないものはなにもなくなるでしょう。

私はこの演説を歴史に残る名演説だと思っています。

——国連がどのような思惑のもとにできたか、何をしてきたかを理解すると、トランプ大統領の演説に魂が震えます。

アメリカをズタズタに蝕んだグローバリズム

グローバリズムがもたらす弊害とは何か？

それを知るにはトランプ大統領の政策を再確認することです。

トランプ大統領が対峙した相手は国際金融資本であり、そのエージェントであるアメリカの官僚群。それらの通称がDSということは、今や広く知られていますが、彼の具体的ミッションはグローバリズムという世界的潮流に呑み込まれ、弱体化するアメリカを復古し、強いアメリカを取り戻すということでした。

すでにアメリカはグローバリズムに蝕まれズタズタになっていたのです。

――当時日本に入ってきたのは、「トランプ大統領がアメリカを分断している」という偏向報道ばかりでした。

ゆえに私たちはグローバリズムの弊害で知るところと言えば、日本の経済が新自由主義によってズタズタになったこと――。でも、それで終わりではないのです。今、日本は深刻な危機にあることを知る必要があります。

それがトランプ大統領が真っ向から取り組んだ移民問題です。つまり、人の移動の自由化です。アメリカ、ヨーロッパで移民による問題が顕著化し、深刻な社会問題になっていることはご承知だと思いますが、この「移民」がグローバリズムの「人の自由な移動」なのです。

繰り返しになりますが、グローバリズムの達成には、物、金、人の自由な移動が必要です。貿易と金融においては、国際機関もあり、完全ではありませんが、かなりの自由化が達成されています。

自由化というと良い事に聞こえてしまいますが、国境の壁をなくすということは、主権国家の権力が及ばなくなるということでもあります。

いまだに確立していない人の移動の自由。国境を越えて人が移動する自由とは「移民」なのです。前述しましたが、ＳＤＧｓの10番目の目標「人と国の不平等をなくそう」の中にも「移民政策の実施」が入っていました。

移民は、「難民」という大量移動の形でも進行しています。なぜシリアで内戦が起こり、シリア難民が突然、ＥＵを目指して動き始めたのか？　ＮＧＯ団体が船舶を用いてその移動を助けていますが、NGO団体にその資金を出しているのは誰か？　常識で考えればおかしい。

しかし、難民がもたらす社会混乱を目の前にして、アメリカもEUも待ったをかけた。つまり、人権尊重、多文化共生を謳う西欧諸国ですら、人の移動の自由化による国内のダメージの大きさに、自国民の不満を抑え込めなかった。

ところが、この先例を知っているのに、日本だけは前向きです。これは、ワクチン政策と共通の理不尽です。

――幸いなことに日本は四方を海に囲まれているので、EUのように大量難民のキャラバンが押し寄せることはありません。

では、正当な移民ならいいのでしょうか？

日本の政治家と官庁は「日本は人手不足、外国人受け入れは是だ」と言い、それに反対すると「ヘイトスピーチだ」と左派メディアが大騒ぎする。

――ポリティカル・コレクトネスと言論弾圧がセットになって、移民受け入れ反対を抑え込むということですね。

日本の移民問題は２０００年代の初頭に突然言われ始めました。「日本には移民が必要だ。そうしないと日本は沈没する」と騒ぎ出したのは欧米のグローバリズム勢力やプランナーたちなのです。

イギリスの週刊誌『The Economist』は２００２年10月31日号の記事で「現在の労働人口を維持するだけで日本は毎年５００万人の移民が必要」という予測をしています。

ブレジンスキーは、２００１年のＣＩＡの予測を引用し「日本は毎年３２０万人の移民を数年間必要としている」と『THE CHOICE』で述べていますし、フランス系ユダヤ人の経済学者ジャック・アタリも著書『21世紀の歴史』（作品社）の中で「日本は人口減少に対処するため、１０００万人の移民受入が必要」と書いています。

さらにブレジンスキーは「各国を多民族化することによって、世界のグローバル化は完成する」とも言っています。

彼らは日本の人口減少を心配しているわけではありません。グローバル勢力は日本に数百万から1000万人の移民を入れさせるという計画を立てたというだけのことなのです。

そしてメディアや言論人が、それをさも当然の「時代の必然」のごとく発信している。つまり次のターゲットは日本と、20年以上前に宣告されている。

その目的は日本を多民族国家化すること。EUやアメリカのように大量難民が物理的に押し寄せられないため、日本に移民を受け入れさせることによって、単一民族を多民族共生国家にする。移民による混乱と少数派擁護のポリティカル・コレクトネスによる逆差別で国民が損害を被り、社会は不安定になり、まとまりもなくなります。これが狙いなのです。

グローバリズムにとって、各国のオリジナリティやナショナリズムは邪魔でしかないのです。多民族国家化により、ナショナリズムを押さえ込むことが可能です。

しかもそれはEUやアメリカのように「大量難民」でなくてもいい。ポリティカル・コレクトネスは、少数の移民で大多数を押さえ込めるのです。そのための移民政策をせっせと進めているのが自民党政権、つまり政府が「国賊」なのです。

──一応表向きは経済界の要望だということになっています。

その実情は単純労働者、つまり低賃金労働者を必要としているということです。低賃金労働者がどういう仕事に就くかということです。

「深刻な人手不足だし、多少の移民ならいいだろう」という自己都合と想像力の欠如で何が起こるのか、彼ら移民は日本人と同じメンタリティや生活習慣を持っているわけではない。

外国人労働者という移民を入れて何が起こるか？

社会の治安が悪化するということは皆さんも容易に想像がつくと思います。これは移民してきた人が悪いということではなく、彼らの文化やメンタリティと日本の文化が合わないということに起因します。ゆえに彼らは日本に同化しない。

実現不可能な多文化共生社会

移民肯定の大義名分になっているのが、「多文化共生社会」というキーワードです。学校でも「私たち日本人は外国人に対して寛容でなければいけない。多文化共生社会にならなければいけない」と教えています。

多文化共生社会というものがどういうものか？

それを知らずに、経験もせずにスローガンだけを植えつけているのが既存メディアであり、官庁であり行政です。

そもそも多文化共生社会など経験しようがありません。

なぜなら、多文化共生社会というのは、私の外交官としての経験からも、どこにも実現していないのです。

多文化共生と似たような言葉で「多文化主義」という言葉があります。

しかし、意味はまったく違います。簡単に言えば、文化というものはすべて同じ価値を持っているということ。では文化の価値はなぜ同じか？　それはそれぞれの国家に独自の文化があるからです。それを互いに認め合うことが、多文化主義なのです。

つまり、多文化共生が可能となるのは、国家と国家の間においてなのです。

では、その文化が他の国の中に入り、文化の対等性や平等性を主張したらどうなるか？

たとえば日本に異なる宗教の国から来た人が「自分たちの文化も、日本の伝統的文化と同じ待遇を与えられるべきだ」と主張したらどうなるか？　主張する権利を付与したらどうなると思いますか？

――社会に混乱をきたします。

常識で考えれば、多文化共生は不可能なことがわかります。

日本人には本来、異なる文化、慣習を持った外国人の方を尊重こそすれ、差別するようなことはしません。宗教的感情も日本人と同等に配慮、考慮しなければならないとなると、これは「言うは易く行うは難し」なのは容易に想像がつくはずです。

そして彼らが自分たちの文化を捨て日本人に同化する可能性は著しく低い。彼らは「日本の伝統文化」の中で生きたいのではなく、「日本で暮らしたい」だけだからです。

ゆえに自分たちだけでまとまって、閉鎖的集団を作らざるを得ない。そうしなければ日本の中で暮らしていけないからです。

そして、彼らは少数者ですから、ポリティカル・コネクトネスを政治利用する左派勢力にとっては都合のいい道具となります。「日本国民と同等に権利を与え、保護されなければならない」となるのは容易に想定できます。

果たしてそういう事態に私たち日本人が耐えられるのか？


私が赴任していたヨーロッパの各国でも移民の方々とその国の国民との間での共生はなされておらず、各々が別々に住む社会があっただけです。

移民された方々が移民先の社会で共生し、生活をしている事例は残念ながらどこにもないのです。ヨーロッパでもシリアの難民、北アフリカの難民、彼らは都市の中でも自分たち同士で固まって生活している。

アメリカでも完全にエスニックグループ同士で分かれて生活しています。つまり、社会が文化の違いによって分断したままということです。

アメリカでは、10年ほど前からクリスマスに「メリー・クリスマス」と言えない空気感、禁忌感が生じ、「ハッピーホリデイズ」と挨拶を交わすようになってしまったことはご存じでしょうか。つまり、無宗教の人や他の宗教の人への配慮ということです。

つまり、社会を分断に導くような移民政策を糊塗するために使われているのが「多文化共生社会」という言葉です。

――官庁も自治体も、もたらされる結果を想定せずに真剣に取り組んでいる。

実現できないことを、あたかも実現すべきことであるかのように宣伝する、耳当たりのいい言葉で忍び込ませる――。これは共産主義革命の定番のやり方。まさに同根のグローバリズム、その欺瞞とからくりは同じなのです。

ポリティカル・コレクトネスで國體を破壊する

アメリカはトランプ大統領が登場する前に、ポリティカル・コレクトネスやキャンセルカルチャーによって既に分断していました。

トランプ大統領はそれをアメリカという国家の建国理念のもとにひとつにまとめようとした。それが「アメリカ・ファースト」という政策だったのです。

ポリティカル・コレクトネスと言論弾圧は同時に悪用されます。その一翼を担うのが「ヘイトスピーチ解消法」です。正式には「本邦外出身者に対する不当な差別的言動の解消に向けた取組の推進に関する法律」。

簡単に言えば、外国人の言い分だけが通り、日本人だけが悪者になる法律です。正当性のある苦言ですら、「ヘイトスピーチだ」とメディアが叫べばシャットアウトできる。それによって何が生じたか？　人権が守られたのか？　結果として日本に住む外国人と日本人との間の対立と分断が生じたのです。

一部の左翼リベラル活動家が「ヘイトしている！」と騒ぐことによって「ヘイトスピーチ解消法」を作らせたのです。何かを言うと文脈とは関係なく言葉尻を捉えて「差別だ、差別だ」と幼児のように騒ぎ立てて責める。

つまり、いわゆる少数者が「不快に感じたら差別だ」という解釈に誘導する。しかも、そこには客観的な基準は存在しない。

ポリティカル・コレクトネスが大きな声で主張する「実現不可能なきれいごと」。そこに気づき見抜くことは、日本の社会を守るということなのです。

国際干渉機関の歴史

国際連合の成り立ちを知るには、その前身とも言うべき国際連盟まで遡る必要があります。教科書的には「ベルサイユ条約でウィルソン大統領が提唱した世界平和を実現する国際機関、その理想主義のもとに作られた」となり、1918年にウィルソン大統領が発表した「14カ条の原則」を学校で学びました。

①講和交渉の公開・秘密外交の廃止　②海洋（公海）の自由　③関税障壁の撤廃（平等な通商関係の樹立）　④軍備縮小　⑤植民地の公正な処置　⑥ロシアからの撤兵とロシアの政体の自由選択　⑦ベルギーの主権回復　⑧アルザス＝ロレーヌのフランスへの返還　⑨イタリア国境の再調整　⑩オーストリア＝ハンガリー帝国内の民族自治　⑪バルカン諸国の独立の保障　⑫オス

マン帝国支配下の民族の自治の保障　⑬ポーランドの独立　⑭国際平和機構の設立

そもそもこのウィルソンの14カ条の原則を書いたのは、ウィルソンのブレーンたちです。そのブレーンたちのほとんどは社会主義者でした。私たちはソ連ができて、社会主義は世界に広がったと思いがちですが、それ以前にアメリカの政権の中枢に社会主義勢力がいたということです。

当時のウィルソン大統領の側近ナンバーワンはエドワード・マンデル・ハウス。彼は兵役経験はないのですが、ハウス大佐（カーネル・ハウス）というニックネームで知られています。彼は社会主義者であり、ロンドンシティのエージェントでもありました。つまり、この当時から国際金融資本がアメリカ大統領を抑えていたということです。

つまり、ウィルソン大統領のときにロシア革命が起こったのも歴史の偶然ではないということです。世界最強国アメリカの大統領の側近が社会主義者たちで、彼らはロシアの共産主義革命の事実上の支援者だった。

側近たちによってウィルソン大統領は国際主義者と持ち上げられました。今で言うグローバリストです。ゆえに、「世界平和のために国際機関を作る」ということになったのです。ここからは、序章で引用した「WHOから命を守る国民運動」決起集会へのメッセージで記した内容を深掘りしていきます。

しかし、国際連盟ができてもアメリカは結局入らなかった。ご承知のように上院議会の賛同が得られなかったからです。

当時、国際機関によって世界の平和を担保するという発想は、実に新しい考え方でした。それまでは、「バランスオブパワー」という考え方で平和を演出していたのです。つまり、各国が2国間の同盟関係を巡らすことによって自国の安全を担保するというやり方です。国際連盟の設立で集団的安全保障体制が歴史上はじめて具体的な形となったのです。

国際連盟の設立に関わった社会主義者は、パリ講話会議において国際連盟規約起草委員会メンバーとして活躍したハウス大佐もそうですが、国際金融家として有名なポール・ウォーバーグ（FRB・連邦準備制度理事会の設立者のひとり）、バーナード・バルーク（ウィルソン大統領の側近で第一次大戦時の戦時産業局長官）なども関わっています。

国際連盟も国際連合と基本的には同じで、「紛争が生じたときにはみんなで解決」というきれいごとの世界です。

当時でたとえれば、日本と支那との間で紛争が生じたら、「国際連盟の加盟国みんなで解決してさしあげます」ということです。聞こえはいいのですが、要するに加盟国が世界のすべての紛争に介入可能な道を開いたということ。

本来ならば、日本と当時の支那との間の紛争は2国間で解決すべき問題でした。利害関係の深いイギリスなどが関わることはあったとしても、ワキ役にすぎない。ところが、国際連盟があることによって、関係のない国が関与してくるのです。

関係ない国とはチェコスロバキアです。チェコスロバキアはまさに日本と支那との間の紛争介入の先鋒に立ちました。当時のチェコスロバキアはウィルソン大統領の民族自決主義によって成立した、言わば人工国家です。満州事変をめぐる解決のやり方についても、あれこれ口を出してきたのです。

こういう国際機関ができると紛争は必ず長引きます。なぜかというと、多くの国が不利なほうの味方をするからなのです。本来2国間で解決すれば、実力のあるほうが有利な条件で妥協がはかられる。しかし、不利な国を直接利害関係のない国が支援して、相手国に妥協を強いた場合、和平状況は長続きしないというのは当然です。

しかし、こういうことは一切無視、今の言葉で言えば、まさに国家間のポリコレです。社会の弱者を支援すれば、社会は混乱する。それと同じことがすでに、もう国際連盟の設立によって国家間で展開されていたのです。

――私たちは国連が世界平和に貢献すると教わってきました。

事実はまったく逆なのです。

その典型がポーランド問題です。第二次世界大戦も、まさに国際連盟の精神ゆえに起こったとすら言えます。皮肉な言い方ですが、結果から見れば国際連盟は紛争を起こすための国際機関であったのです。

私たちはこのポーランド問題を「ドイツがポーランドの領土を奪うために侵攻した」と学びます。ところが、当時のドイツがポーランドに要求した領土というのはドイツ人が住んでいるダンツィヒ（95％がドイツ人）です。

もともとドイツ領だったのですから、そこをドイツに戻せということです。ダンツィヒは地理的にドイツ本土から離れていますから、ドイツ本土と結ぶハイウエイを建設させてくれと、そういう要求だった。常識的に考えれば、ポーランドが飲めない条件ではなかった。ところが、劣勢にあったポーランドが、ある意味寛大なドイツの要求をはねのけた。

なぜならポーランドの背後にはイギリスとフランスがいたのです。ポーランドがドイツに侵攻されたらイギリスとフランスが助けることになっていたのです。

――当時の国際連盟の5大国のうちの2国が後ろ盾だったので、ポーランドは強気だったのですね。

その当時のさまざまなやりとりを調べてみると、ポーランド政府は妥協してもよかったのに、あえてそうしなかったことが見えてきます。

最後通牒の期限が来て1939年、ドイツはポーランドに侵攻しました。それだけならまだ「ポーランドが馬鹿なことをした」ということで終わるのですが、その後、独ソ不可侵条約の秘密議定書に基づいて、ソ連がポーランドの東半分をとってしまった。英仏はドイツには宣戦しましたが、ポーランドの東半分をとったソ連には宣戦しなかった。

これは英仏の背後にいた勢力とソ連の背後にいた勢力が同じと見ることができます。ゆえにソ連は侵略者にならなかった。そうでないと、侵略者ナチスドイツ対英仏、後にアメリカとソ連と加えた連合国が成立しないからです。

国際連合というのは、実は連合国、「United Nations」だと解説しました。ここが第一次世界大戦後にできた国際連盟とは違うところです。

国際連盟は英語で「League of Nations」です。つまり、戦勝国が集まった国際機関ではないということです。United Nationsを連合国と訳していたら、私たちの国連信奉はここまで高まらなかっただろうと思います。

国際連合も紛争に利害関係のない国までが介入できる場ということでは国際連盟と同じです。しかも国際連合の場合は常任理事国5カ国（アメリカ、イギリス、フランス、ロシア、中国）が拒否権を持っています。

つまり、５大国が関わる紛争は国連では解決できないのです。

これこそ国連最大の欺瞞と言えるでしょう。

Ｇ７財務大臣・中央銀行総裁会議

グローバリズム最強にして最後の砦である通貨発行権。日本を取り戻して戦後レジームを脱却するためにも、通貨発行権は最重要といえます。

日本の通貨を発行しているのは日本の中央銀行である日本銀行です。日本政府は55％の株を所有していることになっています。残りの45％は誰が持っているのか公開されていません。日本の中央銀行はＦＲＢとは違ったポジションにあると言えます。


第一章でも言及しましたが、２０２４年Ｇ７サミットはイタリアのプーリアでメローニ首相が議長となって開催されました。その前月、５月23～25日にかけてイタリア北部のストレーザでＧ７財務相・中央銀行総裁会議がありました。

イタリアの財務大臣が主催なのですが、なぜ財務大臣会合に中央銀行総裁が一緒に出席するのでしょうか。

――言われてみればそのとおりです。アメリカがそうであるように、Ｇ７各国の中央銀行が財務大臣の指揮下にないということでしょうか？

そういうことです。しかし私たちは疑問に思わずに生きている。「通貨発行権だけは政府に握らせてはいけない」というのが、国際金融資本、つまり民間の中央銀行制度を作った人たちの発想です。１６９４年にイングランド銀行ができて以来、政府は中央銀行に「借金」しかできなくなったということです。

日本でも財務真理教云々言われていますが、国の借金と言いつつも、借金しているのは国民ではない。その借金は政府が通貨を借り入れるために発行した国債残高のことで、正確には国でもなく「政府」の借金なのです。ならば政府が通貨を発行すればいい。かのリンカーンがやったように――。

そういう議論に対してグローバリストは「政治家に任せると、ツケを将来に回すからダメなんだ」などと矛盾したことを言います。では、通貨以外は政治家に任せていいのかというと、彼らは反論できない。

私たちは、そういう人たちの解説を聞いて感心する必要はない。まずはいったん退いてその意味を考えてみたらいいのです。彼らは自分たちのそういう言葉で私たちをねじ伏せられると思っている。

グローバリストたちの論理によれば、グローバル市場という徹底したマネー中心主義のもとで人間は自由になれると主張している。実際に自由になれるのは、一握りのマネー・エリートだけです。大多数は自由になどなれない。


グローバリズムの論客の一人であり、かつてミッテラン大統領の補佐官やサルコジ大統領の経済政策顧問を務めたフランスのジャック・アタリは、『21世紀の歴史』でグローバル市場の本質について極めて明確に説明しています。

アタリによれば、市場の力が世界を覆っているとして、マネーの威力が強まったことは個人主義が勝利した究極の証だと断言しています。

そして、この市場中心世界においてはマネーですべての決着をつけることができると言うのです。国家すら市場の障害となればマネーによって駆逐される。国家も市場に呑み込まれる、つまり民営化されると予測していました。

しかし、そう簡単にねじ伏せられないのが日本人の特長です。なぜなら私たちはそもそもマネーに対する考え方が違うからです。マネー、つまり金融に関して本能的に違和感を感じるのは、私たちには「マネーは穢れている」という穢れ忌避思想が伝統としてあるからです。地道な生産労働よりも金融操作による短期的な利益の確保が主流となっており、それで財を得た人が成功者となる。生産労働の軽視がグローバル市場経済の特徴と言ってもいいでしょう。

しかし、ウクライナ戦争の結果、ドル基軸通貨体制が崩れてきています。

ロシアを経済制裁した側は、ドルから切り離されたらロシアはやっていけないだろうと考えたわけです。

しかし現状、多くの貿易取引がドル以外で行われているのです。ユーロは言うに及ばずですが、ロシアルーブル、中国人民元などです。本来それでいいのです。

経済学者や経済評論家は「兌《だ》換《かん》紙《し》幣《へい》でなければいけない」などと、それに水かけるケチな話をするわけです。

そんなものはグローバリストが発明したにすぎない。
政府が政府の責任で通貨を発行し、それに自信を持つ、そこに帰ればいい。ドル基軸通貨体制からの脱却、これも戦後レジームからの脱却と言えるのです。

グローバリズム最後の砦、通貨発行権による支配

グローバリストの武器は何だと思いますか?

――世界をコントロールするうえで、最大の武器はマネーだと思います。

そのとおりです。武器としてのマネーをもう少し掘り下げると、前述したように「通貨発行権」ということになります。ドルはアメリカの中央銀行のFRB(連邦準備制度理事会)が発行しています。FRBは国の機関ではありません。100%民間の中央銀行です。
結論から言えば、過去200年間、「通貨発行権」が世界を支配する根幹だったと

言えます。彼らは通貨発行権を握ることによって、自分たちに有利な世界秩序を作ってきたのです。つまり、1815年のウィーン会議から今日まで、世界は「誰が通貨発行権を握るか」で動いてきたのです。

そういう視点からアメリカの歴史を遡ると、からくりが見えてきます。国際金融機関による独占的な通貨発行権に抵抗したら、命を狙われるか、最悪の場合は暗殺されてきたのです。

――国際金融機関に奪われた通貨発行権を国に取り戻そうとすると、大統領は命を狙われるということですか？

そのとおりです。最初に暗殺されそうになったのがアンドリュー・ジャクソン第7代アメリカ合衆国大統領です。

アメリカでは独立時から中央銀行をつくる動きがあり、それを推進していたのは、言わばグローバル派。代表的なのがアレクサンダー・ハミルトン。ブロードウェイ・ミュージカルでも有名ですね。それに反対したのがトーマス・ジェファーソンら、州の権限を重視する州権派です。

このときできた中央銀行が「第一合衆国銀行」で公認期間は20年でした。実はこの中央銀行、ロンドンシティやウォール街の国際金融資本が80％の株を持っていました。政府の持ち株は20％にすぎなかったのです。事実上、アメリカの通貨発行権は国際金融資本に牛耳られていたのです。

20年後の1811年、第一合衆国銀行はアメリカの議会で更新が否決され、公認は失効しました。国際金融資本は納得がいかないわけです。

そこで何が起こったか。

翌年の1812年、アメリカとイギリスの間で戦争が勃発しました。米英戦争（1812年戦争）です。宣戦布告したのはアメリカですが、当時のアメリカ国内でも、戦争目的が希薄で無意味な戦争であると言われていました。

その後、1817年に同じ条件で「第二合衆国銀行」ができたのです。

この第二合衆国銀行の公認期間も20年で、1836年に公認期限が切れるとなったとき、ジャクソン大統領は最後まで更新を拒否しました。

1835年1月、失業中の塗装工のリチャード・ローレンスがジャクソン大統領を狙ってピストルを発砲。しかし銃弾は不発で、暗殺は未遂に終わったのです。ジャクソン大統領はアメリカ大統領史上初めて暗殺の標的になったのです。1836年をもって第二合衆国銀行は中央銀行としての公認を失効しました。

それからしばらくアメリカは中央銀行のない時代が続きますが、1861年4月、アメリカで南北戦争が勃発します。

戦争には莫大な戦費がかかります。ロンドンシティの銀行家は30％あるいはそれ以上の利子で貸し付けようとしますが、リンカーン大統領はそれを断り、戦費を賄うために政府通貨を発行したのです。

リンカーン大統領は、南北戦争が終わった1865年に暗殺されました。暗殺の下手人はジョン・ウィルクス・ブース。

1881年、ジェームズ・エイブラム・ガーフィールド第20代アメリカ合衆国大統領は、チャールズ・ギトーによって銃撃され、2カ月後に死亡しました。彼も中央銀行に対して疑問を呈した大統領です。

そして、1963年11月22日、ジョン・F・ケネディ第35代アメリカ合衆国大統領が暗殺されます。暗殺には3つの理由があると私は考えています。

――第二章で、米ソ関係の改善をひとつの理由としてあげられました。

ひとつはグロムイコ外相の回顧録から紐解かれる米ソ関係の改善、ふたつ目はベトナム戦争からの撤退です。これは米ソ関係の改善と表裏一体のことでもあります。

3つ目、これが最大の理由であり、当項のテーマでもあります。ケネディ大統領はFRBの利権に手を付けたのです。

端的に言うと、大統領令で政府紙幣を発行した。ご承知のとおり、これは背後からアメリカをコントロールする国際金融資本の利害に正面からぶつかることなのです。

3つともDSの利益に反することです。複雑に絡み合っていますが、最大の理由はFRBの利権に手を付けたことでしょう。

なぜ金融の専門家でない私が、このような分析ができるのか。

それはケネディ大統領暗殺のあと、副大統領から昇格したリンドン・ベインズ・ジョンソン大統領が何をやったかを見ればいいのです。

――強引に退場させられた大統領の後釜が何をやるか。これは公開情報を見るうえで重要なことですね。

ジョンソン大統領がやったこと、それはまず、ケネディが発行した政府紙幣の回収。そしてベトナム戦争への本格介入です。それによって、米ソ関係の改善は頓挫しました。

――ケネディ大統領がやったことの正反対をやっています。

つまり、前任の成果をつぶす。実にわかりやすいのです。

しかし、わかりづらくされているのです。あえて間違った解釈をするメディアや専門家による洗脳なのです。

トランプ大統領の戦い

２０２２年のアメリカ中間選挙以降、事実上トランプ大統領は復権していると私は常々言ってきました。

この4年の間、反トランプ陣営の悪あがきは多々ありましたが、アメリカのピープルからのトランプ支持は衰えることを知りません。すでに反トランプ陣営は負けているのです。

——政治の水面下で活動しているＤＳの存在を指摘し、戦いを公言したのも大統領時代のトランプ氏でした。当時のトランプ政権の高官も在任中には繰り返し言及し、ＤＳがトランプ大統領の計画の足を引っ張っていると主張していました。

既存メディアを配下に置くＤＳ側は、トランプ大統領の在職中、誹謗中傷、フェイクニュースを発信し、アメリカの既存メディア同様、日本のメディアもトランプ大統領の正しい姿を伝えようとしませんでした。それは、いまだに続いていますが。

――不正選挙との指摘に対し「陰謀論」とのレッテルを貼り、その言動を封じ込めようとしてきました。

２０２０年の不正選挙において、バイデン氏が８０００万票、トランプ大統領は７４００万票とったとされています。

それまでの歴代最高得票は、初当選事のオバマ氏で６２９７万票なのです。この数次を見ただけでも、バイデン氏の得票数が異常なのがわかります。

――アメリカの大統領選挙の投票率は、だいたい60％前後となっています。

オバマ氏が初当選した２００８年は61・6％、トランプ氏が初当選した２０１６年は60・１％（アメリカ国勢調査局の発表によれば、２０１６年の大統領選挙の有権者登録は１億５７６０人）。

不正側の発表した数字ですから、私はトランプ大統領への投票は8000万票近くいっていたのではないかと各所で申し上げていますが、ふたりの得票を合算すると約1億6000万票。これは常識的に考えておかしい。なぜなら、登録有権者数とほぼ同じだからです。

政治的な暗殺

これだけ明白な不自然さにもかかわらず、メディアや買収した議員などを使ってそれを押し切る。アメリカはもはや情報統制国家というか、独裁国家になってしまっているということです。

つまり、あれだけ大勝していたトランプ大統領を引きずり下ろすという不正が起こったということは、アメリカの民主主義は完全に終わったということ。アメリカという国家に対する世界の信用がなくなったと言えます。

これは事実上、政治的な暗殺と言っていい。そこまでやらなければならないほど、DSが追い詰められていたということです。

当時、トランプ大統領が「ワシントンの政治のプロから国民に政治を取り戻す」と言いましたが、それはアメリカの建国精神を取り戻すということ。だからこそメディアにめったうちにされながらもブレなかった。

２０２０年の大統領選挙を総括するなら、単にバイデン候補を勝たせるために不正を働いたという問題ではなく、アメリカの非合法な乗っ取りと捉えるべきです。

２０１７年にトランプ大統領が出現して以来、ＤＳの基盤が揺らぎつつあったということです。つまりオバマ大統領までは実質的にアメリカをコントロールしていた層にとっては、トランプ大統領を大統領のまま置いておくわけにはいかなかった。

トランプの「アメリカ・ファースト」の取り組みで最後に残ったターゲットがＦＲＢ（連邦準備理事会）でした。トランプが二期目になったらＦＲＢは潰される、これは既定路線だったと思います。だからこそ、トランプを絶対に潰さなくてはならなかった。

――大統領を引きずり下ろす最大の理由、通貨発行権ですね。

トランプ大統領はFRBがアメリカ国民のためにならないということ、「アメリカ・ファースト」ではないと言っていました。

FRBを潰せば、連邦所得税が必要なくなるのです。連邦所得税が廃止されればアメリカ国民は豊かになる。その青写真が見えていたと思います。

このことが理解できないと、2020年の不正選挙の動機が見えてこないのです。トランプ大統領に二期目の4年を渡したら、彼らの最大の利権である通貨発行権を喪失するという追い詰められた危機感があったのだと思います。

アメリカ・ファースト

既存メディアはトランプ政権の4年間を「トランプがアメリカを分断した」などといまだに言い続けていますが、アメリカを決定的に分断させたのは民主党であって、トランプ大統領は、民主党が分断させてきたアメリカ社会を、もとに戻そうとして立ち上がったわけです。

「トランプは人種差別主義者だ」とも民主党や既存メディアは叩き続けました。そもそも民主党は少数派は少数派のまま、貧しい人は貧しいままに留め置いて、自分たちがそこを牛耳るという、ポリコレを盾にした政治利用を続けてきたのです。ところが、トランプ大統領は黒人を自立させ、生活水準を上げた。

実際はまったくの逆なのです。

しかし、既存メディアのニュースやグローバリスト側の専門家の意見を真に受けると、まったく逆の情報を信じされられてしまう。

――当時のアメリカは左傾化が著しく、文化マルクス主義による文化破壊の最中でした。そんな中でトランプ大統領は「アメリカ・ファースト」を掲げました。

民主党が仕掛けた文化破壊に、リー将軍像の撤去問題がありました。

「偉大なるわが国の歴史と文化が、美しい彫像や記念碑の撤去によって引き裂かれるのを見るのは悲しい」「ロバート・リーやストーンウォール・ジャクソンの次は誰だ？　ワシントンかジェファーソンか？　あまりにばかげている！」とトランプ大統領が嘆いたら、既存メディアが「トランプが白人優越主義者を非難しなかった」と言い換えて騒ぐ。既存メディアの報道は、こんなことの繰り返しなのです。

グローバリズムによる文化破壊

グローバリズムによるアメリカの文化破壊は1960年代から着々と進んできました。かつてはフェミニズムによる男女対立、近年ではより過激にジェンダー問題や黒人問題を武器に社会を混乱させています。

LGBTへの行きすぎた擁護が顕著化したのはオバマ政権時代です。オバマ大統領は2011年に発表した大統領令第13583号『連邦政府職員における多様性及び包括性促進を目的とした体系的な政府全体でのイニシアティブの策定』を発布しました。

彼は任期中、LGBTなど性的少数者に対する差別撤廃に熱心でした。『自身が認識する性のトイレ使用を許可する指針』を全米の学校に通達するほか、2016年には米軍入隊規制の撤廃方針を発表しました。

――トランスジェンダーを公にして入隊でき、性転換に伴う医療費に米軍の保険が使えるといったものでした。

オバマ大統領は任期中最後の記者会見でＬＧＢＴ活動家を称賛しています。

「民主主義と社会の発展における現時点でのヒーローは、『ＬＧＢＴであることを誇りに思う』と勇敢に主張してきたすべての個人活動家、子供たち、カップルたちだ。そして、それは人々の意識を変え、偏見を持たない広い心を生み、ついに法律をも変えた」

そんなオバマ大統領の行きすぎたジェンダー擁護や社会混乱を生み出す政策に歯止めをかけたのも、トランプ大統領です。

トランプ大統領は就任1年目に、医療コストの負担増や現場の混乱などを理由にトランスジェンダーの入隊許可を撤回するよう米国防総省に指示しました。

――トランスジェンダーの新規入隊は2019年4月から禁止となりました。しかし2021年、バイデン大統領は就任するなり、トランスジェンダーの米軍入隊禁止を撤回する大統領令を出しました。

バイデン大統領就任初日の大統領令

現職大統領が非合法な手段で抹殺されたとき、次の大統領が何をやったかを見れば、公開情報だけでその意図がわかると申し上げました。

暗殺にまつわる項では触れませんでしたが、1974年、ウォーターゲート事件でリチャード・ニクソン大統領が辞任させられたという史実をご存知と思います。民主党本部のあったウォーターゲート・ビルに盗聴器を仕掛けようとして侵入した者がいたことが発端になった事件です。

気になることがひとつ、ニクソン大統領が辞任する前に副大統領のスピロ・アグニュー副大統領が辞任しているのです。辞任させられたと言ったほうがいいかもしれません。その理由はウォーターゲート事件の捜査と並行して、アグニュー氏の州知事時代の収賄容疑も持ち上がったのです。いわゆる形式犯、要するにスキャンダルを仕掛けられたということだと推察します。

その後に副大統領に任命されたのはジェラルド・R・フォード氏。席の空いた副大統領の後任は、大統領が指名して上下両院が承認するシステムなので選挙は不要なのです。

その後でニクソン大統領は偽証罪で引きずり下ろされた。これもまた形式犯です。実際はウォーターゲート事件をきっかけにしただけであって、ウォーターゲート事件で降ろされたわけではないのです。アメリカのシステムでは、大統領が失われた場合、副大統領が大統領に昇格します。

スピロ・アグニュー副大統領は、ニクソン以上にＤＳには煙たい存在だったと思われます。彼はアメリカを愛するナショナリストだったのです。

話をバイデン大統領に戻します。彼が就任初日に署名した大統領令は15本。初日の署名数としては歴代大統領の中でも最も多いものです。その多くは、トランプ大統領の政策をひっくり返すものでした。

●連邦政府の施設内でのマスク着用や他人と一定の距離の確保を義務づけ
●WHO（世界保健機関）からの脱退手続きの停止
●ワクチン接種促進へ大統領直轄の新型コロナ対策調整官を設置し、全権を委ねる
●「パリ協定（地球温暖化対策の国際枠組み）」への復帰
●カナダ産原油の米国へのパイプライン建設許可の取り消し
●トランプ前大統領による歴史教育見直しのための諮問機関1776委員会を解体
●社会から疎外されてきた有色人種を含めたすべての人々の平等を実現するために包括的な取り組みを行う
●国勢調査で不法移民も対象に
●幼少時に親に連れられ米国に不法入国した若者らの強制送還猶予措置の強化

●イスラム圏などからの入国規制の撤回
●不法移民取り締まり強化策の撤回
●米南部のメキシコ国境沿いの「壁」建設中止
●西アフリカのリベリア国民に対する強制退去の猶予措置を延長
●連邦政府高官による職務倫理誓約書への署名の義務化
●トランプ前政権による規制措置の見直し

――WHO脱退、パリ協定脱退、不法移民対策、自虐史観対策など、トランプ大統領がグローバリズムから国民を守るためにとった対策をすべて撤回していますね。

次の大統領が「何をやったかが重要」なのがおわかりいただけたことでしょう。

アメリカの自虐史観教育

バイデン大統領が就任初日に署名した大統領令の中に「トランプ前大統領による歴史教育見直しのための諮問機関1776委員会を解体」というものがあります。「1776委員会」とは、文化マルクス主義による教育現場の自虐史観教育を止め、愛国教育を取り戻すためにトランプ大統領が設立した機関です。

――自虐史観と聞くと、「日本は侵略戦争をした、日本はアジアを痛めつけた」と罪悪感を植えつけられたGHQ史観が思い出されます。

文化マルクス主義者、いわゆる左翼リベラルのやり方は常にワンパターンなのです。オバマ時代から顕著となっていたのが、自虐史観によって伝統や慣習が変えられつつあったということ。そんな報道は日本の既存メディアからはまったく聞こえてこなかったので、日本人はまったく知らないに等しい。

――「1619プロジェクト」ですね。

1619年は、アフリカ黒人奴隷がはじめてアメリカ独立前のバージニア植民地に連れてこられた年です。「1619プロジェクト」はこの1619年こそが、「アメリカの真の建国年だ」とする文化マルクス主義者の取り組みです。

私たちは、アメリカ建国は1776年と習いましたが、1619プロジェクトはそれを覆す捏造された歴史観なのです。

――トランプ大統領による愛国教育機関の名前が「1776委員会」というのは建国年にちなんでいるのですね

アメリカの建国年を1619年とする歴史改変の流れは、2019年8月のニューヨーク・タイムズ特別号にニコール・ハンナ・ジョンズ氏がある記事を発表したことから始まります。

その記事でニコール・ハンナ・ジョンズ氏は、アメリカの真の建国は1619年だとし、アメリカの歴史は黒人迫害を軸に展開され、1776年のアメリカ独立の目的のひとつは奴隷制度の維持のためだったと主張したのです。

当時、歴史学会のみならずアメリカ社会に波紋をひろげました。しかし、結果としてニコール・ハンナ・ジョンズ氏は「1619プロジェクト」でピューリッツァー賞を受賞してしまった。

しかも発表前からピューリッツァー財団と連携して高校の副読本採用を画策していたのです。この歴史改変を教育現場へ浸透させるのが目的でした。そして実際に「1619プロジェクト」は公立学校カリキュラムに採用されたのです。

――誰もが聞いたことがあり、権威もあるとされるピューリッツァー賞も、プロパガンダのための手段にすぎないのですね。

この例を見てもわかるように、メディアが歴史認識を改ざんする文化マルクス主義の先鋒であるということです。

それは日本も同じことです。朝日新聞が従軍慰安婦記事を捏造し、謝罪したことは皆さんも覚えておられると思います。

——後から訂正したところで、広まってしまった認識はひとり歩きして、伝わった先すべての認識を正すことは不可能です。韓国はその嘘に乗って、国民の歴史認識まで捏造、定着させてしまいました。

逆に言えば、メディアは訂正文掲載と責任者の首を引き替えにいくらでも捏造を発信することができるのです。

「1619プロジェクト」は学校教育のアメリカ史においても「白人が多すぎる」と批判します。子どもたちにアメリカの伝統的な歴史観を引き継がせず、断絶させるためです。

——教育現場に浸透してしまえば、簡単に歴史を変えることができます。

「アメリカは人種差別の国で、歴史の草創期から人種差別をしてきた」と子どもたちに植えつける。何も知らない無垢な子どもたちに「そうなのか、僕たちアメリカ人は悪いことをしてきたのか」という罪の意識、新たな原罪を植えつけるのですね。まさに、日本の戦後教育と重なります。

アメリカの國體を揺るがす危機です。

トランプ大統領は2019年9月17日に国立公文書館で歴史教育について演説した際、ニューヨーク・タイムズと「1619プロジェクト」を名指しして非難しました。

「真実を無視した左派による洗脳教育であり、危険なプロパガンダだ」

「アメリカの児童・生徒はアメリカが自由ではなく、圧制の原則に基づいて建国されたと教えられており、自国の歴史を恥ずかしく思うだろう」

そして愛国教育を取り戻すために「1776委員会」を設立すると発表したのです。2021年1月にバイデン政権がスタートすると即座に撤回された「1776委員会」の顚末です。

つまり、民主党は文化破壊を推進する政党なのがおわかりでしょう。

共産主義革命は暴力革命の限界から、文化破壊に移行しました。

アンティファやＢＬＭ運動などは暴力沙汰になり社会に混乱を起こしていますが、文化マルクス主義者たちの狙いの根本は教育や法の改正、習慣、伝統の破壊です。日本では、それらの暴動がトランプ大統領が生み出した分断の象徴として報道されましたが、それは偏向と捏造に満ちた洗脳報道なのです。

まさに、今西側世界はジェンダー、マイノリティを使った文化破壊による共産主義革命が進み、着実に成果を出しているのです。

これが現代の共産主義革命のやり口です。マイノリティの人権擁護は誰も批判できません。表向きは反論しづらい正論だからです。多様性、共生社会、耳当たりのいい言葉で大多数側をたぶらかし洗脳します。

そこを入り口に大多数の権利や自由を奪うのです。

アメリカの学会、学校の教師は文化マルクス主義者が主流派となっています。ＧＨＱによる日本の分割統治と重なるのは気のせいではないのです。

オリンピック洗脳

——パリ五輪の開会式では派手な女装姿のドラァグクイーンやトランスジェンダーのモデルらが一堂に並び、レオナルド・ダ・ヴィンチの名画「最後の晩餐」を連想させる演出が物議を醸しました。

まさにオリンピックは洗脳に使われているのです。

2021年の東京オリンピックの基本的コンセプトは「diversity and inclusion」。日本では「多様性と調和」と訳されていますが、「inclusion」というのは調和ではなく、抱え込む、包括という意味です。この「diversity and inclusion」はオバマ大統領が出した大統領令に含まれている言葉です。アメリカ社会を社会主義化するために使った言葉が、何故かオリンピックにまで使われていることからもオリンピック主催者の意図を察することができます。

2024年のパリ・オリンピックの基本的コンセプト「Games Wide Open（広く開かれた大会）」でキーワード自体は普遍的なものですが、そもそも国際オリンピック委員会は組織として「ジェンダー平等」を推進しているのです。

ジェンダー平等を推進する国際オリンピック委員会（ＩＯＣ）は、東京オリンピックが開催された２０２１年、スポーツ報道に関するガイドライン（指針）を発表しました。ふさわしくない表現の実用例として、「セクシー」「男らしい」などを列挙。日本語版では、「ママさんアスリート」「美しすぎる」「イケメン」「美少女」などの表現も追加し、女性選手を「ちゃん」付けや愛称で呼ぶことも問題視しました。

（２０２４年7月24日／読売新聞オンライン『パリ五輪はジェンダー平等「イケメン」「美少女」不適切表現にご注意』）

バイデン政権発足の年（２０２１年）の10月21日、プーチン大統領はソチで開催されたバルダイ国際会議で講演し、極左思想が欧米諸国に浸透して社会問題化していることを語りました。具体的には西側の行きすぎたジェンダーフリーやＬＧＢＴへの配慮が社会と伝統的文化を破壊しているということを発信したのです。先に紙幅を割いて説明したプーチン演説（9月30日）を彷彿させる内容です。

ロシアのウラジーミル・プーチン大統領は木曜日の演説で、西側世界全体に社会悪を引き起こしているとする極左思想について非難し、それは1917年の革命時にロシアで起こったことと変わらないと述べた。

プーチンは、ソチで開催されたバルダイ国際討論クラブ第18回年次総会の本会議で、「21世紀における世界的な揺り戻し」をテーマに発言した。プーチンの発言は通訳によって翻訳され、そのビデオはロシア政府のウェブサイトにアップロードされた。

「自分たちを進歩の旗手とみなすことに慣れてしまった国々で麻痺が進んでいるのを、我々は当惑しながら見ている」とプーチン大統領は数時間演説したイベントで述べた。

「もちろん、私たちには関係のないことですが、西欧諸国の一部の国で起きている社会的・文化的ショックとは、自国の歴史のページを積極的に消したり、マイノリティの利益のためにアファーマティブ・アクションを行ったり、母、父、家族、男女の区別といった伝統的な価値観の放棄を求める人もいます」

プーチンは、西側諸国にはやりたいことをやる権利があるが、「ロシア社会の圧倒的多数」はこうした新しい考え方を拒否していると述べた。

「いわゆる社会の進歩主義者は、新しい良心、新しい意識がより正しいものをもたらすことだと主張している」とプーチンは言った。

「しかし、ひとつだけ言っておきたいことがある。彼らが考え出した処方箋は何も新しいものではない。矛盾しているように思えるかもしれないが、これはロシアで見られたことだ。

革命の後、レーニン率いるボリシェヴィキはマルクスとエンゲルスの教義に従い、伝統的な生活様式、政治的、経済的な生活様式、さらには道徳の概念、健全な社会のための基本原則を変えていくと宣言した。

彼らは、時代や世紀を超えて受け継がれてきた価値観を破壊しようとし、人々の関係を見直し、自分の最愛の人や家族を密告することを奨励していた。それは進歩の行進と称された。そして、それは世界中で非常に人気があり、多くの人に支持されていた。それが今まさに起こっているのだ」

「ちなみに、ボリシェヴィキは自分たちの意見とは異なる他の意見にはまったく寛容ではなかった」とプーチンは続けた。

「このことは、今起きていることを思い出させるものだと思う。西側諸国で何が起こっているかを見ると、ロシアがかつて持っていた、そして遠い道のりに置き去りにしてきた慣習を目の当たりにして困惑します。

平等や差別に対する戦いが不条理攻撃的な教条主義に変わり、シェークスピアなどの古典が学校や大学で教えられなくなっています。左派はこれらの歴史上の偉大な人物は性別や人種の重要性を理解していないと言っているのです」

「ハリウッドでは、映画館や映画で何をすべきか、何人のタレントや俳優がいるか、肌の色、性別は何か、といった注意を促すビラが貼られており、ソ連共産党中央委員会の宣伝部よりもさらに厳しい場合もあります」とプーチン氏は語った。

「そして、人種差別との闘いは、高尚な目標であるにもかかわらず、新たな文化へと変貌を遂げ、文化を打ち消し、逆差別、裏返しの人種差別へと変貌を遂げています。市民権の真の闘士たちは、そうした違いをなくそうとしていたのに。マーティン・ルーサー・キングは『私には夢がある。いつの日か、私の4人の幼い子供たちが肌の色ではなく、人格の中身で判断される国に住むようになることだ』と言いました。これこそが真の価値なのです」

「ご存知のとおり、ボリシェヴィキは財産だけでなく女性の国有化についても話していました」とプーチンは続けた。

「新しいアプローチの提唱者は、男性と女性という概念そのものを排除しようとしています。男性と女性が存在し、これは生物学的な事実だと主張する人たちは、ほぼ追放されています。自分の性的アジェンダが定まっていない人々が不満を抱かないように、1番の親、2番の親、または子供を産んだ親、あるいは母乳の代わりに人間の乳と言うのです」

「これは新しいことではないと申し上げたい。1920年代、ソ連のファッションデザイナー、タゴールはいわゆる『ニュースピーク』を考案し、それによって新しい意識を築き、新しい価値観を生み出していると考え、その考えがあまりにも行き過ぎた。私たちは現在に至るまでその影響を感じています」

「幼い頃から「男の子は簡単に女の子になれる」と教え、その選択を子供たちに強要することは、非常に恐ろしいことです。親には関与させず、子供に人生を狂わせるような決断をさせるのです。そして、率直に言えば、進歩主義の旗の下で行動している者たちは、人類に対する犯罪を犯しており、中には意図的にそうしている者もいるのです」

（２０２１年10月22日／デイリーワイヤー）

プーチンの指摘は多岐にわたりました。欧米で左翼リベラル層が声高に主張する共生社会、多様性社会の現実を具体的に述べているだけでなく、ソ連の過ちにも触れ、「ボリシェヴィキによる女性の国有化」という例まで挙げています。

レーニン革命政府は当時、フリーセックス宣言を出しましたが、これは実に驚くべき内容でした。フリーセックスと言っても単純にセックスは自由という意味ではありません。18歳以上の女性は国家の所有物であり、未婚女性は当局に登録しなければならず、それを怠った場合は罪に問われるのです

登録した女性はプロレタリアの男性のみと結婚可能で、選ばれた女性は相手を拒否

できない、そして、このような結婚から生まれた子供は国家の所有物ということです。このフリーセックス政策は、ロシア人が伝統的に重視してきた家族の絆を破壊することを目的にしていたのです。

――プーチン大統領の指摘した「行きすぎたジェンダーフリーやＬＧＢＴへの配慮が社会と伝統的文化を破壊している」という現実が、パリオリンピック開会式で全世界に発信されたということですね。

グローバリストたちにとってオリンピックの開会式は宣伝活動の場としては最たるものです。しかし、それを通じて発信されるプロパガンダは、新しくもなく進歩的でもなく、１００年前にボリシェヴィキが失敗した政策となんら変わらない。公開情報と歴史知識を当てはめれば、「これはおかしい」「過去のケースの再来だ」ということに気づけるのです。

２０２４年11月以降、世界は大きく変わりますが、目に見える世界が一気に変わるわけではありません。

追い詰められたグローバリストたちの足枷は加速し、特に既存メディアのプロパガンダや洗脳はなりふり構わないものになるかもしれません。ゆえに私たちは、それを看破したうえで、行動していく必要があるのです。

グローバリスト達は悪魔です。悪魔は見破られれば退散する以外にありません。彼らを退散させることができるのは、本書を手に取ってくださったあなた方です。世界の平和と発展のために、共にがんばりましょう。

馬渕睦夫（まぶち・むつお）

元駐ウクライナ兼モルドバ大使、元防衛大学校教授、前吉備国際大学客員教授。1946年京都府出身。京都大学法学部３年在学中に外務公務員採用上級試験に合格し、1968年外務省入省。1971年研修先のイギリス・ケンブリッジ大学経済学部卒業。著書に『国難の正体』（総和社／新装版ビジネス社）、『ディープステート 世界を操るのは誰か』（ワック）、『日本を蝕む 新・共産主義』『ウクライナ戦争の欺瞞 戦後民主主義の正体』『真・保守論　國體の神髄とは何か』（徳間書店）、『馬渕睦夫が読み解く2024年世界の真実』（ワック）など多数。勉強会『耕雨塾』を主宰し、公式YouTube『馬渕睦夫チャネル ～日本の道標～』では「大和心ひとりがたり」を配信中。
YouTube：https://www.youtube.com/@user-cw7ii3th8k

グローバリストの洗脳はなぜ失敗したのか
トランプ・プーチン時代を生き切る智恵

第1刷　2024年9月30日

著　者　馬渕睦夫

発行者　小宮英行
発行所　株式会社徳間書店
〒141-8202　東京都品川区上大崎3-1-1 目黒セントラルスクエア
電話　編集 03-5403-4344／販売 049-293-5521
振替　00140-0-44392

印刷・製本　株式会社広済堂ネクスト

ISBN978-4-19-865892-2